LE MONDE A-T-IL UN SENS ?

Les œuvres de Jean-Marie Pelt
et de Pierre Rabhi sont citées en fin d'ouvrage

Jean-Marie Pelt – Pierre Rabhi

Le monde a-t-il un sens ?

Fayard

Couverture Atelier Didier Thimonier
Photo © Franck Krahmer. Plainpicture/Ponton
Jean-Marie Pelt © John Foley/Opale
Pierre Rabhi © Patrick Box/Opale

ISBN 978-2-213-68186-3

LE PRINCIPE D'ASSOCIATIVITÉ, OU LA COOPÉRATION DANS LA NATURE

par Jean-Marie Pelt

Prologue

Où il est question d'associativité

La question du sens de la vie et du sens de l'univers est la grande absente du flux médiatique de nos sociétés matérialistes et consuméristes. Pour l'homme du Moyen Âge comme, aujourd'hui encore, pour une large part des musulmans, cette question trouve sa réponse dans leur croyance. Le sens de la vie, pour eux, c'est, au-delà de l'existence terrestre, l'accession à un paradis que l'on espère gagner en gérant au mieux les aléas de l'existence dans la fidélité aux préceptes religieux. Quant à l'univers, immuable et éternel, selon Aristote, il est immobile et n'a pas d'histoire.

Pour nombre de nos contemporains, cette question du sens ne se pose plus, ou du moins plus explicitement. On trouve sa réponse dans ces nouvelles religions qui se sont substituées aux anciennes : l'argent qui fait rêver, les technologies qui prétendent changer le monde. Les croyants, eux, continuent à trouver des réponses dans leurs textes sacrés. Alors que la science tente de répondre aux questions du « comment » – comment fonctionne la vie, la nature, l'univers ? –, la Bible, le Coran, les textes fondateurs des sagesses orientales sont censés apporter des réponses adéquates à la question du « pourquoi » que se posait déjà Gauguin en Polynésie : d'où venons-nous ? qui sommes-nous ? et, surtout : où allons-nous ?

Le mot « sens » peut recouvrir deux acceptions : soit direction, soit signification. La question devient : peut-on déceler une direction dans l'évolution de l'univers ? Et, si la réponse à cette première question est oui : cette direction pourrait-elle être porteuse de signification ?

La réponse à la première question s'impose d'emblée dans notre culture : la plupart des scientifiques ne voient dans l'histoire de la vie et de l'univers que hasard et contingence. Ils nient, souvent avec véhémence, que cette évolution puisse avoir une direction. Aussi se poser la question du sens peut paraître à la fois provocateur et ringard. Sitôt qu'on l'évoquera, elle sera bannie des débats publics et des questions de société, refoulée dans la sphère privée et le non-dit. À chacun le soin d'y répondre s'il se la pose et pour ce qui le concerne.

Nous nous proposons d'apporter ici une réponse à la question du sens, autrement dit de la direction prise par l'évolution de l'univers ; on le fera avec toute la modestie requise lorsqu'on se hasarde à tenter d'élaborer pareille synthèse holistique, pourtant bien dans l'esprit du temps.

Le défaut d'empathie au sein de nos sociétés contemporaines, marquées par l'individualisme, le relâchement, voire la rupture du lien social, a suscité l'émergence de valeurs spécifiques portées par des concepts tels que solidarité, convivialité, fraternité, coopération, mutualisme, humanisme… Nous nous proposons d'y ajouter celui d'*associativité*, mot qui ne désignait jusqu'ici qu'une équation mathématique. À nos yeux, ce concept mérite en effet d'être élargi à un champ plus vaste. *L'associativité devient alors, à travers toute l'histoire de l'univers, la manière dont des entités simples s'associent à deux ou à plusieurs pour aboutir à des entités plus complexes avec émergence de propriétés nouvelles.*

C'est cette émergence de propriétés nouvelles qui va focaliser notre attention du big bang jusqu'à l'homme. Elle nous apparaîtra comme l'un des moteurs de l'évolution de l'univers.

Certes, ce concept n'est pas nouveau : Pierre Teilhard de Chardin a montré qu'à partir d'un certain niveau de complexité du monde minéral le phénomène vivant a émergé et l'histoire universelle a franchi le « pas de la vie ». Bien plus tard, lorsque la vie a atteint dans le développement du cerveau humain un haut niveau de complexité, l'évolution s'est ouverte à la conscience et à l'explosion des propriétés cognitives : elle a franchi le « pas de l'esprit ». L'idée même d'associativité n'est donc pas nouvelle, si ce n'est par le mot grâce auquel nous la définissons ; mais c'est sa généralisation qui l'est.

Du big bang jusqu'à l'homme, l'évolution franchit des paliers successifs. En amont de l'évolution universelle, la molécule d'eau, une des plus simples, résulte de l'associativité de deux atomes d'hydrogène et d'un atome d'oxygène. Elle présente pourtant des propriétés totalement différentes de celles de ses deux constituants, et son émergence rend possibles les étapes suivantes où la vie ne peut se développer qu'en milieu aqueux. À l'extrême aval des processus d'évolution, l'associativité entre des milliers de milliards d'interconnexions neuronales dans le cerveau humain permet à la vie de franchir une nouvelle étape tout aussi décisive, puisqu'elle aboutit à l'émergence de la civilisation humaine.

Nous nous proposons de mettre en lumière les étapes successives de l'évolution de l'univers liées chacune à la mise en œuvre du « principe d'associativité », avec apparition de propriétés nouvelles, en nous souvenant de l'aphorisme de Pascal : « Le tout est plus que la somme des parties. » Nous tenterons, dans cette démonstration, de garder une certaine neutralité en dépouillant, autant que faire se peut, le propos de toute connotation métaphysique, en nous appuyant sur des faits indiscutables et généralement admis par la communauté scientifique. Toutefois, en présentant comme un aboutissement le phénomène humain, on ne manquera pas de nous objecter, comme le veut la Vulgate contemporaine, que placer ainsi l'homme au sommet de l'univers va à l'encontre du mouvement inverse observé dès la fin du Moyen Âge, quand, avec Copernic et Galilée, l'anthropocentrisme a subi une première défaite, notre planète n'étant plus le « nombril » du monde. Une seconde défaite nous a été infligée par le paradigme darwinien qui relègue à son tour l'homme à son animalité, faisant de lui une espèce zoologique comme les autres, perdue dans un système solaire lui-même situé en une lointaine banlieue de notre galaxie. Un ami m'écrivait à ce propos : parler « du big bang à l'homme » sous-entend qu'il y a une direction, un progrès, un chemin unidirectionnel dont l'homme serait l'aboutissement, alors qu'il n'est qu'« une des milliards et des milliards de "choses" existantes dont l'univers a accouché depuis 13,7 milliards d'années »... Mais ce même interlocuteur ajoutait : « Certes, l'homme nous intéresse un peu plus que le colibacille ou le cancrelat... » En fait, si nos mécanismes vitaux, chimiques et physiologiques s'apparentent étroitement à ceux du colibacille et du cancrelat, nous avons en plus une tête qui pense, qui se pense et qui pense l'univers. Soulignons combien il est curieux que l'intrusif concept de « progrès » soit partout, en particulier en économie, mais qu'en biologie évolutive il soit strictement proscrit...

Pour reprendre le raisonnement depuis le début, remontons en marche arrière jusqu'au big bang, source de ce fleuve immense et peu tranquille qu'est l'histoire de l'univers.

Première partie

LE MONDE MINÉRAL

Chapitre premier

LE BIG BANG… ET AVANT ?

L'instant où tout commence

Jusqu'au début du XXe siècle, la question de l'origine de l'univers ne se posait pas. Aristote imaginait un univers immobile et éternel se projetant dans le ciel sous la forme de myriades d'étoiles. Nul n'aurait cru que notre Soleil n'en était qu'une parmi toutes les autres. En 1927, le chanoine Georges Lemaître, professeur à l'université catholique de Louvain, publie dans les annales de la société scientifique de Bruxelles un article intitulé « Un univers homogène de masse constante et de rayon croissant ». En postulant un tel univers, donc en expansion, Lemaître prenait à revers les convictions d'Einstein découlant de sa théorie de la relativité, publiée en 1915, sur la base de laquelle il avait proposé un modèle d'univers statique. Pourtant, dès 1922, le mathématicien et astronome russe Alexandre Friedmann avait montré que la théorie de la relativité d'Einstein permettait aussi d'imaginer un univers non statique, mais en expansion ou en contraction. Le jésuite Georges Lemaître n'avait pas eu connaissance des travaux de son confrère russe, mort en 1925, mais il finit par rejoindre son point de vue selon lequel les équations d'Einstein permettaient bel et bien d'imaginer un univers en expansion. Ce à quoi Einstein, qu'il connaissait et qu'il avait rencontré à maintes reprises, lui écrivit : « Vos calculs sont corrects, mais votre physique est abominable ! » Paradoxalement, Einstein, en mettant au point sa théorie de la relativité générale, aurait pu en déduire l'expansion de l'univers, mais il avait préféré modifier ses équations en y ajoutant sa « constante » cosmologique, dont il découlait que l'univers devait être immobile et statique.

Formé dans les meilleures universités internationales, notamment à Harvard et au MIT, Lemaître inféra de l'idée d'un univers en expansion que celui-ci avait eu un commencement à partir d'un état initial extrêmement chaud et dense. Depuis lors, il n'avait cessé de se dilater et de se refroidir pour aboutir au vaste univers que nous connaissons aujourd'hui.

La théorie de Georges Lemaître a trouvé une confirmation dans les travaux de Hubble sur l'éloignement des galaxies les unes des autres à une vitesse proportionnelle à leur distance. Cet éloignement a été prouvé par le rougissement systématique du spectre des galaxies, consécutif à leur distance et à leur vitesse d'éloignement. Dans sa démonstration, Hubble s'est appuyé sur l'effet Doppler, du nom de ce physicien autrichien qui découvrit la variation de fréquence du son perçu par un auditeur lorsqu'une source sonore se déplace par rapport à lui. À distance égale, le son d'une sirène d'ambulance qui se rapproche est plus aigu que celui de la même sirène lorsqu'elle s'éloigne. De même, les galaxies nous adressent des signaux visuels dont les fréquences virent au rouge en fonction de leur éloignement.

Le modèle d'un univers en expansion a tardé à faire l'unanimité. Dans les années 1950, l'astrophysicien britannique Fred Hoyle, défendant la théorie d'un univers stationnaire, pensa ridiculiser les tenants d'un univers en expansion, donc de la théorie du big bang (grand boum), en inventant cette expression, à ses yeux péjorative, dans le cadre d'une émission à la BBC...

La physique contemporaine échoue à scruter l'instant *T* du big bang, quand tout commence. À cet instant crucial, les lois de la physique ne s'appliquent plus. Un consensus semble se dessiner sur l'idée que la physique ne pourra explorer le temps *T* qu'à condition de parvenir à une théorie unifiée de la relativité et de la physique quantique, ce qui n'est pas encore le cas. Il reste donc, pour les jeunes physiciens superdoués, beaucoup de pain sur la planche ! Pour l'heure, la physique continue d'achopper sur ce « mur », le mur de Planck. Elle ne peut remonter plus en amont que 10^{-43} seconde après le temps *T*.

On considère en général que le big bang affecta un point infiniment petit, chaud et dense, mais, sur ce sujet, la physique déroute nos intuitions et nos représentations, car il ne s'agissait sans doute pas d'un point, et moins encore d'un point qu'on puisse localiser en un lieu précis de l'univers actuel. Toujours est-il que, sitôt après le mur de Planck, l'univers a occupé un espace d'environ un millionième de milliardième de milliardième de centimètre (10^{-24}), soit un centième de milliardième de la taille d'un proton. Il grossit ensuite à une vitesse fulgurante : c'est ce qu'on appelle l'« inflation ». En un temps record, jusqu'à 10^{-32} seconde après le temps *T*, l'univers passe d'une taille infiniment petite à celle d'une orange, et, très vite, à celle d'un amas de galaxies. Le « petit » univers est encore opaque et aucun photon, aucune lumière n'y circule. Il n'a donc fallu que 10^{-32} seconde pour que l'explosion originelle inscrive le jeune univers dans les dimensions du temps et de l'espace. S'y forment alors des particules élémentaires dont la nature et les agencements sont à la base de ce que les physiciens appellent le « modèle standard ». Parmi ces particules, les électrons, les photons, les quarks, les bosons et beaucoup d'autres forment une sorte de soupe, de plasma déstructuré.

L'expansion et plus encore l'inflation semblent contredire la loi de la gravité universelle définie par Newton, selon laquelle les corps s'attirent en fonction de leur masse et du carré de leur distance. À ce compte-là, l'univers devrait se contracter et se replier sur lui-même. Or il n'en est rien ! Pourquoi, et qu'en fut-il avant le big bang ?

Une hypothèse voudrait qu'une des composantes de l'univers, la très mystérieuse énergie noire, produise l'expansion en s'opposant à l'attraction due à la gravitation. Telle est l'explication avancée aujourd'hui. On imagine à partir de là qu'avant le big bang cette énergie noire aurait perdu le combat face à la gravitation. En somme, l'expansion de l'univers aurait ralenti puis inversé sa course pour finir dans un état d'extrême contraction. L'univers contracté de ce big crunch se serait à nouveau engagé dans une phase d'expansion à partir du big bang : la nôtre. Selon cette hypothèse, l'univers passerait alternativement d'une phase de contraction à une phase d'expansion. Mais cette hypothèse est néanmoins très controversée.

Plus récente et plus improbable encore, l'hypothèse des *multivers* selon laquelle notre univers ne serait qu'un des univers possibles. Il en existerait d'innombrables autres et nous serions tombés sur la combinaison gagnante, celle où l'homme advient et où celui-ci parvient même à penser l'univers ! Au loto de la vie, nous aurions tiré le bon numéro. Mais aucun fait scientifique ne vient corroborer une pareille hypothèse.

Quant à la fameuse « théorie des cordes » selon laquelle il y aurait non pas trois, voire quatre, mais onze dimensions, elle ne se fonde sur aucune preuve scientifique et n'existe que dans les équations des mathématiciens.

La question d'un avant big bang reste donc une énigme pour la physique.

Faute de réponse scientifique à la question posée, il est intéressant de scruter l'apport des grandes traditions spirituelles et des croyances en ce domaine. Par souci de concision, nous n'en explorerons qu'une seule, celle du judéo-christianisme, la plus présente à nos mémoires.

Dans la Bible, le livre de la Genèse s'appuie sur ce verset bien connu : « Au commencement, Dieu créa le ciel et la terre. » Plus d'univers immobile et éternel selon Aristote ! En faisant du « commencement » le premier mot de la Bible hébraïque, les auteurs de la Genèse inaugurent le grand récit de la Création en six jours, suivi du repos sabbatique. Mais avant ? Y avait-il un avant ? Le livre des Proverbes répond à cette question, par l'un des plus beaux textes du Premier Testament :

« [C'est la sagesse qui parle :] Yahvé m'a créée. Ce fut le début de son œuvre, avant toutes ses créatures, depuis toujours.
Avant les siècles, je fus formé dès le commencement bien avant la Terre. [...]
J'étais là quand il mit les cieux en place, quand il traça sur l'océan le cercle des terres.
Quand il imposa à la mer ses frontières, les limites que ne franchiraient pas les flots.
Alors qu'il posait les fondements de la Terre, j'étais à ses côtés comme une enfant.
J'étais jour après jour tout son plaisir et sans cesse je jouais en Sa présence.
Je joue sur ce monde, sur la Terre qu'il a faite et mon grand plaisir c'est d'être chez les humains.
Vous donc, mes fils, écoutez-moi : heureux ceux qui suivent mes chemins.
Accueillez ma discipline et devenez des sages, ne la méprisez pas.
Heureux celui qui m'écoute, qui chaque jour veille à ma porte et reste sur le seuil en éveil.
Car celui qui me trouve a trouvé la vie, les faveurs de Yahvé viendront sur lui[1]. »

Là où la science trébuche encore, la poésie s'exprime dans ce langage candide et plein de fraîcheur, celui d'une enfant sage et rieuse, émerveillée par la beauté du monde.

1. Prov., 8, 22-35.

Chapitre 2

LE BAL DES PARTICULES

Où les particules élémentaires s'associent pour former des atomes

L'ère inflationniste est courte et s'achève à 10^{-32} seconde après l'instant *T*. Aussitôt commence l'ère des particules. Parmi celles-ci, on l'a dit, figurent les quarks, les électrons, les protons, les photons parmi bien d'autres.

Au sein du jeune univers, la matière et l'antimatière se livrent un combat titanesque. Chaque particule de matière a son symétrique dans l'antimatière de charge électrique opposée : quarks et antiquarks, électrons (négatifs) et positrons (positifs). Il y a cependant un peu plus de matière que d'antimatière (un milliardième en plus), de sorte qu'*in fine*, la matière l'emporte et l'antimatière disparaît, à la suite des collisions entre l'une et l'autre. Dans l'hypothèse d'une symétrie parfaite entre les quantités de matière et d'antimatière, tout se serait annihilé et nous ne serions pas là pour en parler...

La destruction de l'antimatière signe le premier conflit cosmique perceptible dans l'histoire du jeune univers. Elle annonce les situations conflictuelles que l'on rencontrera plus tard, beaucoup plus tard, dans le monde de la matière, de la vie et de l'esprit. La coopération et la compétition, le bien et le mal, la dictature et la démocratie : autant de forces qui s'opposent et que le principe d'associativité, nous le verrons, tend à réguler.

À l'issue de cette confrontation matière/antimatière demeurent des particules élémentaires dont la nature et les agencements sont à la base du « modèle standard » de la physique. Ce modèle rend compte de l'existence et des fonctions de plusieurs particules élémentaires dont le fameux « boson de Higgs » qui n'avait jamais pu être mis en évidence, mais dont l'existence était postulée par les équations mathématiques fondant le « modèle standard ». Après d'intenses recherches, en juin 2012, dans le grand accélérateur de particules du CERN, à Genève, les physiciens ont enfin pu mettre en évidence ce fameux boson, confirmant ainsi la pertinence de leur modèle. Ces bosons s'associent à des particules immatérielles, les quarks, pour leur conférer une masse. Car, avant d'interréagir avec les bosons, les quarks étaient eux aussi une fonction mathématique sans réalité physique. En s'associant aux bosons, ils deviennent de la matière au sens où nous l'entendons. L'on voit ici à l'œuvre le principe d'associativité, créateur de la notion de masse, avec les conséquences qui en découlent, notamment la soumission à la loi de la gravité.

Les quarks n'existent pas à l'état libre et s'associent à leur tour. Lorsque deux quarks U et un quark D s'associent, on obtient un proton, doté d'une charge positive. En revanche, un quark U et deux quarks D s'associent pour donner un neutron, particule non chargée électriquement. Les lettres U et D sont les abréviations des mots anglais *up* et *down*, choisis arbitrairement. Les quarks, dont il existe plusieurs sortes, s'engagent encore dans bien d'autres combinaisons généralement instables.

L'univers « vieillit » et, trois minutes après le temps *T*, il contient déjà les premiers noyaux de l'atome d'hydrogène (des protons) et de l'atome d'hélium (deux protons et deux neutrons). Tandis qu'il continue à grossir, il devient moins dense et moins chaud. Le temps passe, nous voici à 300 000 ans après l'instant *T* : la température est tombée à 3 000 °C. C'est alors que les premiers atomes se forment, car leurs noyaux positifs, faits de neutrons et de protons, capturent des électrons de charge négative. Un proton et un électron donnent un atome d'hydrogène ; deux protons, deux neutrons et deux électrons forment un atome d'hélium. Ces atomes, par définition, sont neutres, puisque les charges des particules qui les constituent s'annulent.

Parvenus à ce stade, nous observons que le principe d'associativité a joué trois fois : entre les bosons de Higgs et les quarks pour créer de la masse, entre quarks pour former des noyaux d'atomes, entre noyaux d'atomes et électrons pour former des atomes d'hydrogène et d'hélium. À chaque fois, il y a eu une association créatrice de nouveauté.

Nous sommes maintenant à 380 000 ans après l'instant *T*. La température est tombée sous les 3 000 °C. Les photons, grains de lumière résultant du choc entre particules et antiparticules, c'est-à-dire entre matière et antimatière, qui étaient jusque-là bloqués par la densité du plasma primitif et les mouvements encore désordonnés des électrons, profitent de la dédensification de l'univers encore jeune pour irradier. Les électrons, captés par les noyaux d'atomes, ne les gênent plus. L'univers entier s'embrase d'une lumière étincelante.

Dans un discours resté célèbre, intitulé « Les preuves de l'existence de Dieu à la lumière de la science actuelle de la nature », prononcé à l'Académie pontificale des sciences le 22 novembre 1951, le pape Pie XII voyait dans l'embrasement subit et aveuglant du jeune univers le fameux « Que la lumière soit ». Georges Lemaître n'apprécia pas ce court-circuit entre foi et science, entre la Bible et l'astrophysique, et sollicita une audience du souverain pontife. Le grand physicien, dont la légende veut qu'il aimait d'autant plus ses étudiants que ceux-ci le chahutaient davantage, parvint à convaincre Pie XII de revenir sur un discours tendant à « prouver » l'existence de Dieu par la concordance entre les apports récents de la science et le texte de la Genèse. Le Vatican ne semble pas lui en avoir tenu rigueur, puisque Georges Lemaître fut bientôt nommé par Jean XXIII président de l'Académie pontificale des sciences.

Cette anecdote illustre la complexité du débat entre science et foi. Deux thèses s'affrontent : celle du concordisme et celle de l'autonomie réciproque. Pour le concordisme, les textes sacrés, pris au pied de la lettre, ne peuvent en aucune manière être contredits par les apports de la science. Cette position, encore majoritairement présente dans l'islam, découle de ce que les musulmans considèrent le Coran comme dicté par Dieu. Or Dieu ne saurait se tromper, donc la science ne peut que concorder avec ce que dit le texte sacré sur l'évolution de la vie et de l'univers. Le christianisme a une vision différente : il voit dans la Bible un texte inspiré. Il se réclame d'une expression bienvenue du grand paléontologue américain Stephen Jay Gould, récemment disparu : « le non-recouvrement des magistères ». Science et foi exposent des points de vue différents parce qu'ils ne parlent pas la même langue : la Bible, par ses mythes, ses symboles et ses poèmes, parle un langage imagé et « fait sens ». Ce qu'il en faut retenir, c'est « la morale de la fable », la leçon à tirer du texte. La science, au contraire, est analytique et souvent réductionniste. Elle s'appuie sur des faits dûment constatés et prouvés. Elle ne prétend pas « faire sens » ; elle « fait science » !

La querelle autour du créationnisme, notamment aux États-Unis, illustre bien les risques du concordisme présent dans certains courants évangélistes. Vouloir faire concorder le récit biblique de la Création en six jours avec les acquis de la science des origines, c'est nier tous les apports scientifiques, que ce soit en astrophysique ou en biologie. Position intenable !

Chapitre 3

LA VIE DES ÉTOILES

Où les atomes se forment et se multiplient par associativité

Dès lors que la masse apparaît avec l'association des bosons et des quarks, la force gravitationnelle mise en évidence par Newton – selon laquelle, rappelons-le, les objets s'attirent proportionnellement à leur masse et au carré de leur distancc – cntre en jeu. Les atomes d'hydrogène et d'hélium vont donc s'attirer mutuellement et former des nuages de plus en plus denses, mais aussi de plus en plus chauds, car la température d'un gaz est d'autant plus élevée que sa densité est plus grande. Ces nuages sont comme des pouponnières de corps célestes : lorsque la température atteint 15 millions de degrés, ils se transforment en étoiles.

Les premières étoiles se forment 400 millions d'années après le big bang. En celles-ci s'enclenche une réaction bien connue : deux atomes d'hydrogène et deux neutrons s'associent pour former un atome d'hélium ; c'est la réaction thermonucléaire. Cette fusion dégage une énergie colossale, conformément à la fameuse équation d'Einstein liant l'énergie E à la masse m : $E = mc^2$. La fusion des atomes d'hydrogène en hélium s'accompagne d'une légère perte de masse, laquelle se mue en énergie selon cette même équation où *c* est la vitesse de la lumière. Un peu de masse perdue dégage une fabuleuse quantité d'énergie. Cette énergie thermonucléaire émane de notre Soleil depuis 4,5 milliards d'années et continuera à le faire pendant un temps à peu près aussi long, fournissant à notre planète l'énergie nécessaire à l'éclosion et à la perpétuation de la vie. Mais, dans 1 milliard d'années déjà, l'augmentation de la température du Soleil rendra très problématique la vie sur terre.

L'un des grands rêves de l'humanité serait de maîtriser cette réaction de fusion pour bénéficier d'une énergie abondante, non polluante et bon marché. Tel est l'objectif du programme Iter, développé en France à Cadarache, dans les Bouches-du-Rhône. Ce programme associe l'Union européenne, les États-Unis, la Russie, le Japon, la Chine, la Corée du Sud et l'Inde. Il est à ce jour le plus audacieux projet industriel de l'humanité. Son objectif : évaluer la faisabilité d'un réacteur de fusion nucléaire produisant de l'hélium à partir d'hydrogène, plus précisément de deux de ses isotopes : le deutérium et le tritium qu'apportent les neutrons constitutifs du noyau d'hélium. La bombe thermonucléaire, encore baptisée « bombe H », parvient à ce résultat. Amorcée par l'explosion d'une bombe atomique ordinaire portant l'hydrogène à la température critique, elle parvient à fusionner l'hydrogène en hélium, mais de manière brutale et explosive. L'objectif est de parvenir à maîtriser cette réaction et à réguler la fusion afin de disposer d'une énergie sous forme de chaleur aisément transformable en électricité. Ce programme très coûteux ne fait pas l'objet d'un consensus parmi les physiciens spécialisés dans le monde de l'atome. Une difficulté, entre autres, réside dans l'impossibilité de contenir la réaction dans un espace confiné, aucun matériau connu n'étant à ce jour capable de résister aux températures mises en œuvre pour la fusion. On envisage donc de construire une enceinte virtuelle de nature magnétique. Mais c'est là un pari risqué et onéreux que le physicien Sébastien Balibar, de l'École normale supérieure, résume en ces termes : « On nous annonce qu'on veut mettre le Soleil en boîte ; la formule est jolie, le problème est que l'on ne sait pas fabriquer la boîte ! »

Le Soleil effectue la réaction de fusion en son cœur, tandis que ses zones les plus externes constituent la boîte de confinement de l'astre. Pour le Soleil arrivé à la moitié de sa durée de vie, cette réaction de fusion aura duré 10 milliards d'années. Elle s'est enclenchée, on l'a dit, quand l'astre naissant atteignait une température de 15 millions de degrés. Au fur et à mesure qu'il prend de l'âge, le cœur de l'astre se réchauffe. C'est ce qui se produit aussi dans les grosses étoiles. Quand la température atteint 100 millions de degrés commence une nouvelle phase de fusion. Les atomes d'hélium se condensent trois par trois pour donner des atomes de carbone. L'atome de carbone capture à son tour un nouvel atome d'hélium pour former des atomes d'oxygène.

Les processus de fusion vont plus loin encore dès lors que les températures continuent à grimper. Une étoile comme Deneb, de la constellation du Cygne, bien visible au firmament dans le grand triangle de l'été, a une masse dix fois supérieure à celle du Soleil. À 600 millions de degrés, les atomes de carbone y fusionnent pour donner du magnésium.

À partir du milliard de degrés, les fusions conduisent au phosphore et au soufre, atomes qui joueront un grand rôle dans les processus vitaux.

Les fusions se poursuivent de proche en proche jusqu'au fer. Lorsque la température atteint la valeur extraordinaire de 3 milliards de degrés, quand le centre ferreux atteint une extraordinaire densité – 1 000 tonnes par centimètre cube ! –, les grosses étoiles, parvenues en fin de vie, explosent, expulsant tous ces atomes dans le vide interstellaire. Elles sont devenues des supernovae. Leurs deux dernières apparitions dans la Voie lactée remontent à 1572 et 1604 et ont été parfaitement décrites par les astronomes Tycho Brahe et Johannes Kepler. Depuis lors, aucune autre n'est apparue dans notre Voie lactée. L'éclat d'une supernova est visible à des milliards d'années-lumière, et cet extraordinaire brasier est le siège de la fabrication par fusion des atomes lourds, ceux des alchimistes : le fer, le plomb, l'argent et l'or.

Les processus de fusion, des petites étoiles aux plus grosses, ont créé 92 éléments – et de nombreux isotopes – présents dans la nature et soigneusement répertoriés dans le tableau du Russe Mendeleïev. À ces atomes s'en ajoutent quelques autres fabriqués par le génie de l'homme ou résultant pour une part des désintégrations spontanées de l'uranium : ce sont des atomes radioactifs.

Dans cette chronique de la création des éléments, il suffit de remplacer le mot « fusion » par le mot « association », les atomes « lourds » résultant d'une association d'atomes plus simples et légers, pour voir resurgir le principe d'associativité à l'œuvre dans les étoiles. Si tous les atomes sont formés de protons, de neutrons et d'électrons, chacun possède des propriétés chimiques qui lui sont propres et signent sa singularité. Ces propriétés résultent du nombre et de la position des électrons à la périphérie des noyaux.

La fabrication des atomes dans les profondeurs du ciel met en œuvre une fois encore, dans le monde inanimé, le principe d'associativité, avec émergence de propriétés nouvelles. Celles-ci sont à la base de la chimie minérale : la chimie de la non-vie.

Chapitre 4

LE MONDE INTERSTELLAIRE

Du chaud au froid
et des atomes aux molécules

Les atomes composant notre corps et tous les corps présents dans l'univers sont nés au cœur des étoiles. Comme l'écrit joliment Hubert Reeves, nous sommes des « poussières d'étoiles[1] ». Les atomes projetés dans le vide interstellaire à la mort des étoiles vont à nouveau s'attirer par gravité et, en s'associant, constituer des molécules. Celles-ci ne pouvaient se former dans les étoiles, car elles sont instables aux hautes températures qui y règnent. En revanche, le milieu interstellaire est vide et froid : on y compte en moyenne un atome par

1. Hubert Reeves, *Poussières d'étoiles*, Seuil, 1984.

centimètre cube contre mille milliards de milliards d'atomes par centimètre cube dans notre atmosphère ! La température y avoisine le zéro absolu : – 273 °C. Les atomes formés dans les étoiles passent donc, lors de l'explosion, d'un milieu dense au vide, et du chaud au froid.

C'est dans ces circonstances que les molécules se forment par association d'atomes. Deux atomes d'hydrogène, par exemple, vont se combiner à un atome d'oxygène pour former une molécule d'eau. L'eau a des propriétés que ne possèdent ni l'oxygène ni l'hydrogène : la plus manifeste, celle d'être le solvant privilégié d'innombrables molécules constituant la matière vivante. Il y a bien là, de nouveau, associativité avec émergence de propriétés nouvelles.

Ainsi se forment de vastes nuages dont les éléments s'attirent derechef par gravité. Ces nuages tournent sur eux-mêmes tandis qu'augmente leur température, de sorte que de nouvelles étoiles ne cessent de s'allumer dans l'univers. Parmi celles-ci, on l'a vu, figure notre Soleil, né il y a 4,57 milliards d'années. Tandis que s'enclenche en son sein la réaction thermonucléaire, des molécules lourdes forment des agrégats au sein d'un disque qui générera les planètes. À nouveau le principe d'associativité est à l'œuvre. Ces agrégats ont d'abord la taille d'un minuscule grain de poussière, puis, toujours par gravité, d'un grain de sable, d'une bille, d'une boule, d'un ballon. Puis, l'agrégat continuant à grossir, d'un rocher, d'une montagne. Des entités toujours plus lourdes apparaissent, baptisés « planétésimaux ». Pour constituer la Terre – du moins le pense-t-on –, dix gros planétésimaux se seraient agrégés il y a 4,55 milliards d'années. Quant aux propriétés émergentes liées à ce processus d'accrétion qui a conduit à l'élaboration de notre planète, elles sont spectaculaires : ce sont la vie et l'esprit, propriétés nouvelles que ne possède aucun autre astre du système solaire. Au-delà, qu'en est-il ? Nul ne le sait.

Tandis que les plus gros télescopes permettent désormais de repérer des planètes orbitant autour d'autres étoiles, les astronomes se focalisent sur la recherche d'eau liquide, condition indispensable à l'émergence de la vie. Mars est la cible de toutes les recherches en la matière. On imagine qu'au début de son existence elle a connu des rivières. Mais on finit par désespérer d'en trouver encore, donc d'y découvrir des êtres vivants, fussent-ils microscopiques.

Certes, les pôles de la « planète rouge » sont recouverts d'une calotte glaciaire faite de gaz carbonique et de glace. Mais, aux températures existant sur cette planète plus éloignée du Soleil que la nôtre, il est fort peu probable que celle-ci alimente des flux d'eau liquide.

Bien d'autres molécules se forment à partir des atomes éjectés par les étoiles mourantes : ainsi le dioxyde de carbone, l'ammoniac, l'acétylène, l'acide formique, pour les plus petites ; les oxydes de fer, de calcium, de silicium et de magnésium pour les plus grosses. Elles constitueront les planètes par attraction gravitationnelle et accrétion.

L'accrétion ne conduit pas forcément à la formation d'un astre rocheux ni à l'association de deux ou plusieurs de ces astres pour en donner un plus gros. Lorsque deux entités rocheuses se rencontrent, elles peuvent s'additionner ou bien se pulvériser. Peut-on parler alors d'associativité ? Pas vraiment, car point de propriétés émergentes consécutives à ces chocs, du moins dans le système solaire – hormis sur notre Terre, seule porteuse de la vie. Certes, les astres sont tous différents par leur taille, leur forme, leur température, la durée de leur révolution, etc. Extraordinaire « cosmodiversité », si l'on peut se permettre ce néologisme ! Mais pas de propriétés émergentes, ni de vie.

Deuxième partie

LE MONDE VIVANT

Chapitre 5

LES ORIGINES DE LA VIE

L'invention par associativité de l'ADN et de la chlorophylle

La Terre a un peu moins du milliard d'années lorsque la vie y apparaît. Hérissée de volcans et bombardée de météorites, notre planète est alors le théâtre d'événements violents. C'est dans ce « climat » que naît la vie. Mais comment ?

On a découvert quelques-unes des molécules basiques de la constitution des êtres vivants sur des météorites échouées sur notre sol, notamment des acides aminés. La météorite Murchinson, tombée en Australie en 1969, en contenait plus de soixante-dix, dont huit entrant dans la composition des protéines.

Ces « briques » de la matière vivante arrivant de l'espace nous interpellent : la vie telle que nous la connaissons aurait-elle pu voir le jour en d'autres points de l'univers ?

Ce scénario de germes de vie provenant de l'espace est dû au savant suédois Svante Arrhenius qui fut par ailleurs le premier, dès la fin du XIXe siècle, à démontrer l'« effet de serre » produit par le gaz carbonique. Pour lui, la vie qui aurait ensemencé notre planète aurait une origine extérieure à elle. Mais, si tel était le cas, l'hypothèse ne ferait que complexifier le problème, car, si nous ignorons comment la vie est née sur terre, nous savons encore moins comment elle serait née ailleurs. Cette question de l'« exobiologie » reste donc pour le moment sans réponse.

Un autre scénario a été proposé pour expliquer les origines de la vie : les toutes premières molécules, briques du vivant, se seraient formées dans l'atmosphère primitive de la Terre, puis auraient été entraînées par les pluies dans les océans encore chauds où les processus vitaux se seraient enclenchés. Ce scénario a été proposé par le savant russe Alexandre Oparine au début du XXe siècle. Il évoque l'atmosphère primitive de la Terre, formée selon lui de molécules élémentaires : méthane, ammoniac, eau, hydrogène ; une atmosphère grise, réductrice, asphyxiante, impropre à la vie. Plus une « asphoxsphère » qu'une atmosphère ! Ce milieu primitif était zébré par les éclairs de puissants orages. En reconstituant une telle atmosphère en laboratoire et en y faisant jaillir un arc électrique, l'Américain Stanley Miller a obtenu en 1953, dans son ballon d'expérience, quatre acides aminés, molécules simples, celles à l'origine des molécules basiques des êtres vivants.

Une troisième hypothèse envisage l'émergence de la vie au fond des océans, là où sourdent les flux bouillants des profondeurs, les « fumeurs noirs » riches en soufre. L'intense activité chimique de ces milieux particuliers engendre aussi des molécules basiques de la vie.

Trois hypothèses, donc, mais aucune certitude, d'autant moins qu'elles ne s'excluent pas. Il est sûr, en revanche, que la vie repose sur deux caractéristiques : la présence d'eau chez tous les êtres vivants, et la chimie de l'atome de carbone, avide de se combiner à des atomes d'oxygène, d'hydrogène, d'azote, et, dans une moindre mesure, de soufre et de phosphore.

Les premières briques de la matière vivante résultent de l'association de ces six atomes en molécules, notamment en acides aminés et en sucres. La chimie du carbone débouche sur des molécules simples qui ne cesseront de se complexifier par associativité, pour aboutir à des structures moléculaires complexes, chacune douée de nouvelles propriétés caractéristiques du phénomène vivant. La « chimiodiversité » du vivant – autre néologisme – est sans limites.

Ces petites molécules de sucres et d'acides aminés, ainsi que d'autres constituants élémentaires se combinent par associativité, comme les maillons d'une chaîne, pour former de longues macromolécules : par ce processus, le glucose donne de l'amidon, et les acides aminés donnent des protéines. Les scientifiques ont aussi découvert que les gaz s'échappant des sources hydrothermales sous-marines, à plusieurs milliers de mètres de profondeur, renferment de longues chaînes de carbone et d'hydrogène, matériaux entrant dans la structure des membranes cellulaires. Ils ont donc tenté de synthétiser en laboratoire des modèles réduits de cellules, isolés du milieu extérieur par des membranes et contenant des protéines et des sucres – sans succès.

Toutes les cellules du monde vivant recèlent aussi des acides nucléiques, dont le célèbre ADN. Leurs structures moléculaires sont des plus complexes, bien qu'ils soient construits à partir de matériaux relativement simples : des molécules de phosphate, des molécules azotées, des bases aminées et des sucres – le ribose ou son dérivé le désoxyribose dont les noms évoquent les *ribes* (les groseilles, en latin) dans lesquels le ribose fut découvert pour la première fois. Ces molécules s'associent par trois, chaque trio portant le nom de nucléotide. Ces nucléotides sont de quatre types, selon la nature d'une des quatre bases entrant dans leur constitution à raison d'une par nucléotide. Puis ces nucléotides se combinent par associativité en une longue molécule d'acide ribonucléique (ARN) ou désoxyribonucléique (ADN), selon la nature du sucre qu'ils contiennent.

Les nucléotides s'associent comme les maillons d'une chaîne. Ceux-ci se disposent selon un ordre précis au sein de la longue molécule d'ADN (ou ARN). La biologie moléculaire repère sur cette longue chaîne de nucléotides des séquences particulières : les gènes. Chacune de ces séquences porte une part de l'information qui sera nécessaire aux organismes vivants pour se construire et fonctionner. L'ADN est donc le programme génétique de l'organisme qui le contient.

Une molécule d'ADN humain compte 150 milliards d'atomes correspondant à plus de 3 milliards de nucléotides, aujourd'hui parfaitement séquencés ; l'ordre de leur disposition sur l'ADN est connu, ainsi que, pour le génome humain, les gènes qu'il contient, soit environ 26 000.

Deux individus pris au hasard sur la planète présentent des ressemblances génétiques identiques à 99,9 %, ce qui tend à affaiblir le concept de race humaine, mais permet d'identifier chaque personne par son ADN.

L'ADN serait apparu plus tard que l'ARN dans l'histoire de la vie ; il ne l'aurait supplanté que pour ses plus hautes performances en matière de stockage de l'information à long terme, du fait de sa plus grande stabilité. L'ARN joue cependant toujours un rôle essentiel dans les cellules en convertissant l'information génétique contenue dans l'ADN en molécules assumant les fonctions vitales de l'organisme : enzymes, hormones, etc.

La formation des molécules d'ADN et d'ARN résulte d'un mécanisme d'associativité entre les maillons de nucléotides qui les constituent. Se trouve ainsi illustrée la merveilleuse émergence des propriétés qui seront essentielles au fonctionnement de la vie. Mais comment ces nucléotides ont-ils pu se disposer de manière à former un langage cohérent ? Comment se sont-ils agencés dans le bon ordre pour aboutir à la constitution d'un tel programme ?

C'est là un des mystères du vivant devant lequel d'éminents scientifiques comme Francis Crick et James Watson, découvreurs de la molécule d'ADN en 1953, et Jacques Monod, prix Nobel de médecine en 1965, s'interrogèrent et avouèrent leur perplexité. La question est cruciale : pourquoi et comment les nucléotides se sont-ils associés dans un ordre particulier, constituant ainsi les gènes dont chacun est porteur d'une ou plusieurs informations génétiques ? Il suffit qu'un ou plusieurs nucléotides ne se situent pas à leur place dans un gène pour que celui-ci perde tout ou partie de l'information dont il est porteur. On a donc le sentiment qu'ici le hasard a bien fait les choses, à supposer que ce soit fortuitement que les nucléotides se sont associés dans le bon ordre. Ce hasard serait comparable à celui qui permettrait de donner un texte cohérent et significatif en tirant à l'aveugle des lettres et en les alignant au fur et à mesure. Quelle chance de tomber sur une page de Montaigne ou sur des vers de Shakespeare ? L'ordre ainsi instauré pour donner naissance à la vie est-il le fruit d'un simple hasard ?

Hasard ? Mais comme les chances étaient faibles d'aboutir à pareil résultat ! Nécessité[1] ? Mais nous assisterions alors au déploiement d'une étape nouvelle dans un processus vivant inscrit dès l'origine dans l'univers. À l'appui de cette thèse, l'idée récente selon laquelle l'ADN se serait formé spontanément par autocatalyse. Ce constat plaide en faveur de l'idée d'un « programme de l'univers » qui se déploierait à l'intérieur du jeu de lois qui le détermine.

Force est de faire montre d'humilité face à une ignorance que des décennies de recherches en biologie moléculaire n'ont pas réussi à dissiper.

1. Jacques Monod, *Le Hasard et la Nécessité*, Seuil, 1970.

Et la sélection naturelle ? Il faut croire qu'elle a eu, à ce stade de la mise en route des mécanismes fondamentaux de la vie, beaucoup de grain à moudre. Mais la sélection ne peut trier que ce qui lui préexiste. Et ce qui lui préexiste, ce sont des molécules complexes dont l'émergence aboutit à de nouvelles propriétés absolument spectaculaires. L'associativité entre les sucres, l'acide phosphorique et les bases signe en effet, ici, une de ses plus belles performances.

Les filaments d'ADN et d'ARN ne restent pas isolés dans les océans primitifs où la vie apparaît. Chez les êtres vivants les plus anciens, bactéries et archéobactéries, ils sont contenus dans des ébauches de cellules au sein desquelles se mettent en place les métabolismes biochimiques caractéristiques des êtres vivants. Comment ces organismes ont-ils pu se distinguer du milieu ambiant, acquérir leur propre identité, émerger de la « soupe primitive », des océans des premiers jours ? Il leur a fallu pour cela acquérir une membrane.

C'est aux acides gras, constituant des graisses, que l'on attribue la formation des premières membranes. Ces molécules linéaires se disposent de telle sorte que, par leurs extrémités hydrophobes, elles empêchent l'eau de pénétrer dans les toutes premières cellules : ainsi se créent un dedans et un dehors. On parle de « vésicules membranaires ».

Les acides nucléiques et d'autres substances pénètrent dans ces vésicules. Les premières ébauches de cellules gonflent et se divisent au fur et à mesure du transfert vers l'intérieur de molécules puisées dans l'océan. L'absorption sélective de molécules du milieu externe préfigure la fonction alimentaire caractéristique des êtres vivants. S'amorce aussi une autre caractéristique de la vie : l'aptitude à se reproduire. Dès que le phénomène vivant est enclenché, ces premières cellules – des bactéries – se divisent, prolifèrent, et, par une sorte d'avidité cosmique, finissent par manger plus que ne peut produire l'atmosphère primitive où sont censées se former les premières briques du vivant, entraînées par les pluies dans l'océan. Une famine menace. Pour sauver la vie naissante, une riposte s'impose. Une molécule, la chlorophylle, se forme alors par association de quatre structures moléculaires simples : des noyaux pyrroles[1] liés à un atome de magnésium. La molécule de chlorophylle qui en résulte est verte. Elle possède la capacité de capter l'énergie des rayons solaires pour associer le gaz carbonique de l'air à des molécules d'eau et fabriquer ainsi des sucres. La photosynthèse démarre, de la matière végétale se forme, l'océan s'enrichit à nouveau en nourriture.

Mais, comme la plupart des réactions chimiques, celle-ci produit un déchet : un atome d'oxygène arraché à chaque molécule d'eau entrant en réaction est restitué à l'océan, ou, sous forme de dégagement gazeux, à l'atmosphère. Sous l'effet de l'accumulation d'oxygène dans l'air, une couche d'ozone (molécule formée de trois atomes d'oxygène) se forme, qui protège la planète contre le rayonnement ultraviolet du soleil. Le ciel, jusque-là gris, devient bleu. Il se reflète dans la mer, d'autant plus bleue qu'elle contient moins de cellules chlorophylliennes : c'est le cas de la Méditerranée. Si les cellules chlorophylliennes, plancton végétal, sont abondantes, la couleur de la mer vire

1. Structures pentagonales dont quatre sommets sont quatre atomes de carbone et le cinquième un atome d'azote.

au bleu-vert, voire carrément au vert dans le cas des « marées vertes ».

En s'oxygénant, l'atmosphère devient viable. La respiration s'enclenche. Dans cette nouvelle atmosphère, les êtres vivants puisent de l'oxygène et dégagent du gaz carbonique avec production d'énergie. Photosynthèse et respiration s'équilibrent : le gaz carbonique de l'air et l'eau deviennent les matériaux de base de la photosynthèse ; l'oxygène en est le déchet, mais le voici recyclé par la respiration et recombiné dans les cellules vivantes avec les nutriments apportés par l'alimentation, lesquels seront brûlés dans les organismes par combustion lente, avec production d'énergie et dégagement de gaz carbonique. Celui-ci sera à son tour rejeté dans l'atmosphère. Les grands équilibres de la vie sont en place grâce à ce cercle vertueux entre photosynthèse et respiration.

Résumons : la biosynthèse des acides nucléiques et de la chlorophylle vient illustrer deux points cruciaux de l'histoire de la vie. Ces molécules sont nées de l'associativité entre structures chimiques simples : les nucléotides pour les premiers, les noyaux pyrroles pour la seconde. Par deux fois, l'évolution décroche le jackpot en inventant ces molécules ! Les premières, ARN et ADN, sont le programme génétique de chaque espèce vivante. La seconde distingue deux règnes : le végétal, dont les plantes chlorophylliennes fabriquent elles-mêmes, par photosynthèse, la nourriture, et l'animal, dénué de chlorophylle et par là même tributaire, directement ou indirectement, des plantes pour se nourrir.

Inutile de s'attarder sur les propriétés émergentes liées à l'apparition, il y a 3,5 milliards d'années, de ces substances chez les premiers êtres marins : c'est tout simplement la vie même telle que nous la connaissons sur cette planète.

Chapitre 6

L'INVENTION DE LA SEXUALITÉ

Qui fait un œuf crée du neuf

C'est désormais entre êtres vivants que se manifeste le principe d'associativité. Il devient d'une évidence éclatante lors du passage de la cellule bactérienne aux cellules à noyaux des plantes et des animaux. Ce passage s'est produit il y a environ 1,5 milliard d'années, toujours dans les océans, car la vie n'a pas encore conquis la terre ferme.

Les cellules des êtres supérieurs non bactériens se distinguent par l'enfermement de leur ADN dans un noyau inclus dans le cytoplasme des cellules. Ce cytoplasme renferme en outre des organites : mitochondries, et, dans les cellules végétales, chloroplastes porteurs de chlorophylle. Dès 1918, le biologiste français Pierre Potier a postulé que ces mitochondries, centrales énergétiques propres à toutes les cellules, seraient des bactéries symbiotiques capturées et domestiquées par celles-ci. L'hypothèse n'a pourtant pas été retenue en son temps par les biologistes, et il a fallu attendre les travaux de l'Américaine Lynn Margulis pour que l'idée soit reprise et étendue aux chloroplastes, qui seraient eux aussi les symbiotes d'une grosse bactérie ou d'un complexe bactérien initial. Cette symbiose entre diverses bactéries est aujourd'hui communément admise par la communauté scientifique, bien que ses modalités fassent toujours débat. Une grosse bactérie aurait-elle phagocyté les deux petites bactéries – mitochondrie et chloroplaste –, agression qui aurait tourné plus tard à la symbiose, comme c'est souvent le cas chez les êtres vivants ? On parlera alors à ce propos d'« associativité coopérative ». Le noyau de la cellule ne serait-il pas, d'autre part, un ancien virus, encore doté de sa coque et qui aurait squatté une bactérie primitive ?

Dans les cellules ainsi constituées, l'ADN est prisonnier, enfermé dans un noyau, incapable de passer en tout ou partie d'une cellule à l'autre, comme il pouvait le faire dans le monde bactérien où les gènes s'échangent entre bactéries pratiquant entre elles une sorte de « libre-échange ».

Soit, par exemple, une bactérie ayant acquis par mutation la résistance à un antibiotique ; dans un environnement où cet antibiotique est présent, la bactérie résistera, tandis que d'autres, dénuées de cette capacité de résistance, seront éliminées ; en revanche, parmi celles-ci, celles qui réussiront à s'accoler à la bactérie résistante pourront bénéficier de son gène et devenir à leur tour résistantes. Mais, à partir du moment où la cellule à noyau est inventée dans la mer, son patrimoine génétique reste enfermé dans son noyau, c'en est terminé du « libre-échange » des gènes pratiqué par les bactéries ; seule la thérapie génique permettra peut-être un jour de modifier le patrimoine génétique d'un individu en supprimant chez lui des gènes défavorables ou en introduisant dans son génome des gènes favorables. Nous n'en sommes encore qu'au tout début !

Ne plus pouvoir échanger des gènes constituait un lourd handicap pour les cellules à noyaux. Dans un environnement changeant, il est avantageux de parvenir à s'adapter grâce à des gènes opportuns. Faute de les posséder, l'adaptation est impossible, et la mort guette. Pour répondre à ce challenge, l'évolution a « inventé » la sexualité.

Deux individus, le père et la mère, possèdent chacun, dans leurs organes génitaux, des cellules sexuelles ou gamètes : spermatozoïdes ou ovocytes. En se rencontrant et en fusionnant, ces gamètes additionnent une moitié du patrimoine génétique de chaque parent, créant une cellule œuf qui, par divisions successives, donnera à son tour un embryon, un fœtus, puis un nouveau-né. Au gré des gènes reçus en héritage, l'individu nouveau différera plus ou moins des deux parents, car « qui crée un œuf crée du neuf » ! C'est ici qu'apparaît toute la subtilité de la sexualité : lors de la formation des gamètes, le patrimoine génétique de chaque parent, contenu dans le noyau de toutes ses cellules, se divise en deux dans leurs organes sexuels. Pour autant, après division, les gamètes ont tous des patrimoines différents, certains gènes passant dans tel gamète, d'autres dans tel autre.

Une image permettra de comprendre la subtilité de la formation des gamètes.

Si l'on coupait de haut en bas une maison par le milieu, certains meubles et bibelots resteraient d'un côté, d'autres de l'autre ; quand bien même la maison (le patrimoine héréditaire) abriterait tous les meubles (les gènes), ceux-ci ne seraient pas les mêmes dans chaque moitié. Il en ira ainsi lors de la division de chaque chromosome, élément porteur des gènes parentaux. À la formation des gamètes, une multitude de combinaisons génétiques apparaissent, et par leur fusion se forment de nouveaux patrimoines héréditaires. La sexualité conduit à un formidable brassage des gènes, avec apparition de toutes sortes de combinaisons nouvelles. Elle engendre à chaque génération des patrimoines génétiques nouveaux. Plus les combinaisons génétiques sont nombreuses et diverses, plus grandes sont les chances de résister à des crises environnementales, car il y aura toujours des biotypes capables de s'adapter et de franchir l'obstacle.

Il n'en va pas de même pour les clones : tous possèdent le même patrimoine génétique. Qu'un bouleversement des conditions environnementales survienne, et tous les clones, incapables de s'adapter s'ils ne possèdent pas le bon gène, seront éliminés.

Telle est la loterie du vivant que la sexualité porte à incandescence : la rencontre des deux gamètes et leur association conditionnent la perpétuation de la vie. Les rares espèces asexuées chez qui les femelles livrent à leurs descendantes la totalité de leur patrimoine génétique, donnant le jour à des clones, ont été défavorisées par l'évolution. La nature n'aime guère les clones – du moins dans le monde animal. En revanche, les plantes bénéficient souvent, de manière simultanée, de la reproduction sexuée et asexuée par bouturage, marcottage, greffage, etc.

Avec la fusion des gamètes le principe d'associativité joue à plein et aboutit à la création de nouveautés : en l'occurrence les patrimoines héréditaires des œufs et des individus qui en dérivent, offerts au tri effectué par la sélection naturelle. Mais la création de nouveautés par associativité est toujours première.

Chapitre 7

VERS LE PLURICELLULAIRE

Où les cellules s'associent en organismes complexes

Les cellules ne restent pas toujours isolées. Dans la mer où la vie est née, elles s'additionnent pour former des colonies sans toutefois qu'aucune ne modifie son type de fonctionnement. Au sein de ces colonies, chaque cellule agglomérée à ses voisines conserve un mode de vie indépendant. Additivité, certes, mais non associativité, car il n'en résulte aucune propriété émergente.

Ce phénomène est déjà repérable dans le monde des bactéries, capables de s'associer étroitement au sein de formations multicellulaires : les biofilms. Agglutinées les unes aux autres, elles produisent des colonies qui s'entourent d'une matrice extracellulaire, laquelle donne à l'ensemble une cohésion qui pourrait les faire prendre pour un organisme unique. Les cellules du biofilm sont densément accolées, ce qui les amène à se comporter différemment de ce qu'elles feraient dans un environnement libre : on a là l'ébauche de l'émergence d'une complexité. Cette promiscuité favorise le transfert des gènes entre elles. Les biofilms associent souvent des bactéries d'espèces différentes, ce qui augmente leur résistance. Ainsi, face au stress – coup de chaud ou de froid, variation brutale du PH –, les biofilms sont plus stables et plus résistants que lorsqu'ils n'abritent qu'une seule espèce, car ils ont davantage de chances d'héberger des souches résistantes. La matrice contribuera de surcroît à les protéger.

Ces colonies peuvent associer des organismes pathogènes pour l'homme, comme c'est le cas des légionelles présentes dans les tuyaux d'eau chaude. Redoutés dans les canalisations ou, dans le domaine médical, sur les prothèses et les cathéters, les biofilms manifestent souvent une grande résistance aux désinfectants et, par ailleurs, causent d'épineux problèmes aux agents chargés de la qualité des eaux.

Proches des biofilms, les stromatolithes sont des concrétions calcaires produites par la prolifération de cyanobactéries, bactéries chlorophylliennes nommées aussi « algues bleues ». De telles formations continuent à se développer sur certains littoraux d'Australie, témoins de l'époque très reculée où commencèrent à se former ces ensembles colonnaires, il y a 3,5 milliards d'années.

Des colonies, on passe aux pluricellulaires « organisés ». Ici, végétaux et animaux résultent de la cohésion entre toutes les cellules issues de l'embryon, jusqu'à former des individus géants, comme ces titulaires de records que sont les séquoias californiens, qui dépassent les cent mètres de haut, ou les baleines bleues, qui peuvent atteindre trente mètres de long. Quel avantage, pour chacune des cellules issues d'un embryon, de rester agglomérée afin d'entrer dans un organisme unique ? Dans l'océan primitif règne une vive compétition entre bactéries maîtresses des lieux et cellules à noyau nouvellement venues. Les bactéries se reproduisent plus vite et dévorent la nourriture photosynthétisée par les algues bleues (cyanobactéries). En restant accolées après leur subdivision, les cellules à noyau forment de nouvelles entités avec un dedans et un dehors. Du coup, les cellules du centre peuvent se spécialiser dans certaines synthèses ou certaines fonctions, à l'abri de la lutte avec des compétiteurs extérieurs. De nouvelles performances métaboliques ont ainsi vu le jour, bénéficiant de la réduction de la pression du milieu, et de belles organisations pluricellulaires de plantes et d'animaux supérieurs sont devenues possibles.

La construction d'un corps pluricellulaire exige de chaque cellule qui le constitue de « lourds sacrifices ». Libre et solitaire, chaque cellule expose toute sa surface au milieu marin et mène une vie autonome. Intégrée à un organisme plus vaste dont elle n'est plus qu'un des éléments, il lui faut se conformer à un principe d'organisation supérieur qui va restreindre sa « liberté » en la soumettant aux lois de l'organisme auquel elle appartient, et non plus seulement à celles du milieu marin dans lequel elle évoluait. Ainsi, par exemple, chez les algues filamenteuses, on observe que, dans les longues séries de cellules alignées, toutes ne se divisent pas, ce qui produirait un développement anarchique ; seule la dernière cellule du filament se scinde et, ce faisant, provoque son allongement. Lorsque plusieurs filaments se réunissent pour former un tissu épais, les cellules du centre ne reçoivent plus de lumière et ne sont plus capables d'opérer la photosynthèse. Elles doivent être alimentées par les cellules périphériques. Leurs capacités propres sont donc réprimées au profit de la constitution d'un tissu plus solide qui conférera à l'algue la faculté de s'arrimer à un rocher ou sur le fond.

Dans l'organisme complexe tel qu'un pluricellulaire, chaque cellule doit consentir à inhiber certaines de ses potentialités premières au profit de la société cellulaire à laquelle elle appartient. Déjà se profile, à propos de ces végétaux primitifs, l'organisation des sociétés humaines les plus élaborées où, quel que soit le degré d'autonomie accordé aux individus, de larges sacrifices doivent être consentis pour la survie du groupe. L'individu paie toujours son tribut, fût-ce sous forme d'impôt, à la société à laquelle il appartient et dont il n'est qu'une cellule.

Ainsi se déploie, dès les origines de la vie, la subtile dialectique de l'ordre et de la liberté, tant et si bien que le maintien de celui-là s'assure parfois au prix d'une pure et simple privation de celle-ci. Car la liberté ne consiste jamais à faire n'importe quoi : pour la cellule comme pour l'homme, elle s'arrête là où elle empiète sur celle des autres. Le scénario de Lynn Margulis[1] illustre ce dilemme : l'algue bleue photosynthétique dans la cellule à noyau devient un organite flottant dans le cytoplasme, coopérant au bon fonctionnement de l'ensemble. Il en va de même de la mitochondrie, devenue la centrale énergétique de la cellule à noyau : les voici l'une et l'autre enclavées, quasi assimilées par la cellule qui les abrite et qui ne pourrait fonctionner sans elles. Elles, de leur côté, ne pourraient plus exister à l'état libre. Toutes ne peuvent que vivre ensemble, *associées*.

Plus avant dans la hiérarchie de la vie, il en est de même des cellules d'un tissu ainsi que des tissus d'un organe. Chaque cellule est inféodée à ce tissu, tout comme ce dernier l'est à cet organe en coopérant à son bon fonctionnement. De même encore, des cellules d'un organe – le cœur, le foie, le rein – travaillent pour cet organe, jamais pour un autre. Une cellule du foie travaille pour le foie mais ne

1. Lynn Margulis, *L'Univers bactériel*, Points Sciences, 2002.

sait pas faire passer l'influx nerveux, pas plus qu'une cellule du poumon. À chaque niveau d'organisation, les éléments constituant un ensemble plus vaste se différencient, se spécialisent, perdant une partie de leurs potentialités initiales en n'effectuant qu'une seule fonction, celle de la cellule, du tissu de l'organe, de l'organisme auxquels ils appartiennent.

Dans tous ces exemples, l'associativité entre éléments simples – des cellules – débouche sur des entités nouvelles et plus complexes au sein desquelles un nouvel ordre s'organise, évitant une anarchie dans l'organisation de l'être pluricellulaire qui émerge de ces associations. Le principe d'associativité que nous pistons depuis les origines joue ici entre cellules, toujours à l'œuvre dans la vie comme dans la non-vie.

Les pluricellulaires dérivent des monocellulaires en plusieurs lignées plus ou moins parallèles et plus ou moins contemporaines. Pour expliquer cette filiation, diverses hypothèses ont été envisagées. Il paraît logique de penser que, dans le monde animal, les métazoaires dérivent des protozoaires. Les pluricellulaires les plus anciens, selon les fossiles disponibles, semblent avoir été les éponges et les méduses, dont l'apparition dans les océans remonte à au moins 700 millions d'années. Il aura fallu attendre encore 200 millions d'années pour qu'apparaisse le premier poisson, découvert fossilisé en Chine en 2002 ; il mesure moins de deux centimètres. Quant à l'ancêtre des vertébrés, il est un peu plus vieux, mais tout aussi petit : on l'a découvert fossilisé, lui aussi, dans des formations rocheuses du Canada. À défaut de squelette, il est doté d'une « corde dorsale » et on lui a donné le nom d'une montagne toute proche : Pikaia.

Rendons donc hommage à ce petit Pikaia que l'on a pris d'abord pour un ver minuscule, mais qui possède déjà une ébauche de colonne vertébrale et dont la descendance – les vertébrés – a traversé les ères géologiques, tandis que son prédateur, le gros *Anomalocaris*, s'est éteint, victime du sort que l'évolution réserve souvent aux grands carnassiers, plus fragiles que leurs proies.

Pareillement, l'évolution réalise dans le monde des végétaux une première poussée de multicellulaires : les métaphytes, dont les plus anciens semblent être les algues rouges.

Toujours dénuées de cils, et donc de moyen de locomotion autonome, se profile déjà chez elles l'image de ce « peuple immobile » que sont les végétaux ; encore qu'ici nous sommes toujours dans l'océan dont la houle berce ces algues primitives. Les algues vertes viendront plus tard : seules dans le vaste monde des algues elles parviendront à conquérir, il y a près de 450 millions d'années, les terres exondées, devenant ainsi les ancêtres de tous les végétaux terrestres.

Cette chronologie a longtemps été admise par les biologistes de l'évolution pour qui, selon les fossiles, les premiers pluricellulaires se formèrent dans l'océan il y a 700 à 800 millions d'années. Tout récemment, cependant, une équipe de chercheurs français menée par le professeur Abderrazak El Albani[1] a présenté une étude selon laquelle auraient été trouvés au Gabon des fossiles des tout premiers pluricellulaires, datés de 2,1 milliards d'années ! Si cette découverte se confirme, comme il est probable, la date de l'arrivée sur la planète des premiers pluricellulaires s'en trouverait considérablement reculée. Mais l'examen de

1. El Albani et al., *Nature*, 1er juillet 2010.

fossiles aussi anciens est toujours problématique ; d'aucuns pensent qu'il pourrait s'agir de pluricellulaires bactériens proches des biofilms.

Chapitre 8

LES SYMBIOSES

Mieux vivre ensemble

Le passage aux pluricellulaires peut s'effectuer entre cellules appartenant à des espèces différentes qui mettent en commun leur capacité de s'entraider. Cette forme d'associativité est la symbiose. À la fin du XIXe siècle, une violente polémique opposa le Suisse Schwendener au Finlandais Nylander sur la nature des lichens. Wilhelm Nylander, « pape des lichens », pensait qu'il s'agissait de plantes archaïques, tandis que Simon Schwendener, observant attentivement leurs tissus, défendait l'idée qu'il s'agissait d'une symbiose entre des algues monocellulaires et des champignons microscopiques. Le débat fit rage dans les revues scientifiques spécialisées, et l'hypothèse de Schwendener finit par s'imposer. Nylander vit son influence dans le milieu de la recherche se réduire comme peau de chagrin.

Les lichens devenaient ainsi des êtres doubles, association étroite d'algues photosynthétiques nourrissant les filaments d'un champignon avec les sucres qu'elles produisent par photosynthèse. En échange, le champignon enveloppe les algues de ses filaments, constituant une sorte de cocon qui leur évite la déshydratation. Aucune algue, aucune plante ne pourrait vivre, comme les lichens, dans des conditions d'extrême sécheresse, sur des monuments funéraires, des rochers dénudés ou des troncs d'arbres morts, sans se déshydrater. Seul un lichen peut résister et s'installer comme un pionnier, fabriquant de la matière vivante, laquelle pourra servir ultérieurement d'aliment à d'autres espèces qui parviendront ainsi à coloniser à leur tour ces lieux arides. Bien installées grâce aux lichens qui auront fait leur lit, ces espèces finiront par les éliminer : tel est en effet l'injuste sort des pionniers dans la nature comme dans l'humanité.

Les coraux illustrent un autre type de symbiose. Leur structure a longtemps intrigué les naturalistes. Raides au toucher, ils sont de consistance minérale, tandis que leurs formes et leurs couleurs évoquent des arbustes ou des fleurs. Croissant sur les sols marins peu profonds, ils émergent à la surface sous forme de récifs.

Le maillon de base du récif est un minuscule animal au corps mou, apparu dans les océans il y a 600 millions d'années : le polype. Il vit en symbiose avec des algues, les zooxanthelles[1]. Celles-ci s'installent dans les cellules des polypes et y effectuent la photosynthèse. Elles prélèvent du gaz carbonique, présent sous forme de bicarbonate de calcium dissous dans l'eau de mer, pour réaliser cette photosynthèse, et contribuent à la construction du récif et à sa minéralisation en provoquant la précipitation de carbonate de calcium insoluble – le calcaire –, qui forme le squelette minéral du récif. Le rôle nourricier de la zooxanthelle est décisif, car le polype ne pourrait se satisfaire des faibles quantités de zooplancton flottant dans le milieu marin. Pourtant, les polypes ne se

1. Ce terme n'est pas heureux, car le préfixe pourrait laisser penser qu'il s'agit d'un animal alors qu'il désigne une algue mobile, d'où ce préfixe « zoo ».

tiennent pas pour battus et n'ont pas renoncé à toute autonomie alimentaire. Ils secrètent un mucus qui, à la manière d'un papier tue-mouches, leur permet de capter des proies. Ces proies sont une source de phosphore pour l'animal et pour l'algue. Élément indispensable à la vie, présent dans l'ADN, le phosphore pénètre par cette voie dans cet écosystème très particulier. L'équilibre est subtil : le polype capte dans le zooplancton le phosphore nécessaire à la synthèse de l'ADN ; les zooxanthelles synthétisent des sucres, complément alimentaire pour les polypes. De sorte qu'un récif corallien est comparable à un oasis en plein désert, concentrant les nutriments nécessaires à la vie. Il illustre l'efficacité de la symbiose entre êtres autotrophes (ceux qui effectuent la photosynthèse) et hétérotrophes (ceux qui se nourrissent de proies).

Une fois constitué, le récif devient un milieu de vie pour de nombreuses espèces animales, mollusques et poissons. Les uns s'en nourrissent, d'autres y creusent leur niche, d'autres encore en broient les parties minérales. Les débris de cette prédation tombent au fond et colmatent le substrat de l'édifice récifal par accumulation et comblement des interstices.

Ces divers consommateurs contribuent ainsi à la consolidation du récif et à l'équilibre de cet écosystème riche et complexe.

Les exemples de symbiose ne manquent pas. Cultivateurs et jardiniers savent depuis toujours les bénéfices à escompter d'une association entre céréales et légumineuses. Cette association doit son succès à la particularité, très rare dans le monde végétal, des légumineuses de fixer l'azote de l'air grâce à des nodosités de leurs racines qui abritent des bactéries du genre *Rhizobium*. Ces rhizobiums symbiotiques transforment l'azote atmosphérique en acides aminés, maillon élémentaire des protéines. Ils migrent dans la plante et sont stockés dans les graines contenues dans les cosses, d'où l'intérêt des légumes secs dont l'apport protéique permet de réduire ou de supprimer la viande des menus végétariens ou bio. Lorsque, à la mort de la plante, celle-ci se décompose, le sol s'enrichit en azote au profit des plantes qui y seront cultivées l'année suivante (les céréales en particulier). Ces associations ont moins de raison d'être dans l'agriculture conventionnelle d'aujourd'hui depuis que les sols sont enrichis par l'épandage d'engrais azotés, pratique qui ne permet cependant plus, quelles que soient les quantités d'azote répandues, d'augmenter parallèlement les rendements : la terre s'épuise !

Les symbioses ont toujours été les parents pauvres de la biologie. Elles étaient pourtant postulées par la définition qu'Ernst Haeckel donnait de l'écologie en 1866, quand il insistait sur les relations « amicales ou antagoniques » entre les êtres vivants et leur milieu. Pendant un siècle, c'est aux relations antagoniques que l'on consacra l'essentiel du potentiel de recherche, le rôle des symbioses devenant marginal. Une mauvaise lecture de Darwin et le zèle souvent excessif de ses amis ont fait de la nature une jungle cruelle où seule régnerait la loi du plus fort. Cette manière de penser la nature s'est transposée à la société, avec les dérives, hélas trop bien connues, du darwinisme social. Nos sociétés libérales sont marquées par cette idéologie, et les médias ne cessent de mettre en scène les guerres économiques, les combats politiques, les conflits et luttes sociales, tandis qu'à la télévision l'agressivité dans la nature comme au sein de la société est de toutes les émissions et de tous les instants. Les films animaliers témoignent de cette dérive : compétition et prédation y sont omniprésentes ; mais rien ou à peu près rien sur la coopération, les effets de groupe, la solidarité entre animaux. Or, comment survivrait une harde ou une meute sans les soins apportés aux petits, le partage des aliments, la vie sociale ?

Marc-André Selosse[1], professeur au Muséum national d'histoire naturelle, a reconstitué l'histoire de la coopération et du mutualisme. Il a montré comment le concept de mutualisme a émergé à l'époque où les ouvriers se sont fédérés en mutuelles pour se protéger des aléas de l'existence. Proudhon a vu dans le mutualisme « l'avatar des pensées philosophiques et politiques qui croient à la solidarité et à l'altruisme, au risque d'anthropomorphisme et de finalisme quand il est projeté en biologie ». Il a été rejoint par le philosophe russe Pierre Kropotkine pour qui « l'entraide compte plus que la compétition dans l'évolution du monde animal et de nos sociétés ». Yves Paccalet[2] développe le même point de vue lorsqu'il écrit : « C'est la sélection du plus apte qui devient la

1. Marc-André Selosse, « Symbiose et mutualisme *versus* évolution : de la guerre à la paix ? » UMR 5175, Centre d'écologie fonctionnelle & évolutive, *Atala*, 2012.

2. Yves Paccalet, *Le Grand Roman de la vie*, J.C. Lattès, 2009.

loi. Le plus apte n'est que rarement le plus fort, le plus méchant, [...] mais, bien plus souvent, le mieux organisé, le plus malin, le plus discret et le mieux camouflé, ou celui qui fait alliance au sein de son espèce ou avec d'autres vivants. » Cet auteur se fait l'écho du grand biologiste anglais John Maynard Smith qui écrivait : « La coopération est un trait général de l'évolution. » Il poursuit : « Cet aphorisme me remplit d'aise. Il cesse de placer à la base de l'évolution et tout au long de celle-ci le mécanisme bêtement darwinien de la lutte pour la vie, dont on nous rebat les oreilles à longueur de reportages ou de documentaires animaliers. [...] Dans la bouche de M. Tout-le-monde, le concept n'est qu'une pénible caricature de Darwin, une idée réductrice plus inspirée par le capitalisme libéral que par les arguments de *L'Origine des espèces*. Cet éloge de la coopération redonne toute leur importance à l'association, au commensalisme, au mutualisme, à la symbiose. Il met en lumière le fait que la vie doit davantage à l'alliance qu'à la rivalité, à la combinaison qu'à l'affrontement, à la paix qu'à la guerre. La survie du plus apte est bien plus souvent celle du plus malin ou du plus fédérateur que celle du plus costaud ou du plus agressif. »

Haeckel, fidèle de Darwin, avait raison de parler de « relations amicales » des plantes et des animaux, que ce soit entre eux ou avec leur milieu. L'associativité coopérative dont nous avons parlé est bel et bien à l'œuvre, et ses fruits commencent à être mieux perçus. Heureuse illustration du principe d'associativité !

Chapitre 9

LES SOCIÉTÉS VÉGÉTALES ET ANIMALES

L'associativité au cœur de la vie sociale

Dans la nature, aucun être vivant ne peut vivre seul. Les exigences de la nutrition et de la reproduction supposent des proies et des partenaires. Les proies n'appartiennent jamais au monde minéral, incapable d'offrir des calories à d'éventuels prédateurs ; les partenaires, eux, sont impliqués dans la sexualité. Les cas d'hermaphrodisme comme celui des escargots sont rares et n'entraînent pas nécessairement l'autosexualité : beaucoup d'hermaphrodites s'accouplent. Reste, pour 5 % des espèces animales, la parthénogenèse : les femelles, ignorant la sexualité, transmettent intégralement leur génome et engendrent des clones, notamment chez les invertébrés. Le clonage est en revanche un mode de reproduction très commun chez les plantes ; on parle alors de reproduction végétative par bouturage, stolon ou bulbe ; les descendants sont toujours des clones du pied mère. Mais existe-il des sociétés chez les plantes ?

La phytosociologie se définit comme la science des associations végétales, c'est-à-dire des ensembles d'espèces que réunissent des exigences écologiques communes : nature et qualité des sols, adaptation au climat ou au microclimat, etc. Il existe donc bien une sociologie des plantes[11].

Dans les associations végétales, les individus n'entretiennent pas nécessairement des relations entre eux. Seules les conditions écologiques en créent chez les plantes inféodées aux mêmes milieux de vie. Et si des interrelations existent entre elles, celles-ci ne se sont tissées qu'après que les mêmes exigences écologiques ont rassemblé dans le même milieu les individus appartenant au « peuple immobile ».

1. Jean-Marie Pelt, *La Vie sociale des plantes,* Fayard, 1984.

Elles se rassemblent *parce que* le milieu leur convient. Rien de tel chez les animaux où les sociétés mettent en œuvre nombre d'interactions entre les individus qui les constituent.

Dans le monde animal, le degré de sociabilité est on ne peut plus variable. Le passage des êtres pluricellulaires aux sociétés qu'ils forment entre eux illustre un nouveau palier dans la mise en œuvre du principe d'associativité. Certains animaux comme le tigre, le léopard, entre autres espèces, n'ont nul besoin de compagnie et entendent bien régner sur un territoire qui leur appartient en propre. Hormis les éphémères rencontres sexuelles, ils n'entretiennent aucun rapport avec des congénères et ne forment aucune sorte de société. Ainsi isolés, ces animaux – c'est le cas du tigre de Sibérie – sont fragiles et menacés d'extinction. D'autres félins partagent ce goût de la solitude, et même le chat domestique, attaché à son territoire, reste très indépendant. L'aye-aye, un lémurien de Madagascar, est un animal nocturne discret, difficile à observer ; ses oreilles rappellent celles des chauves-souris et sa queue celle des écureuils. On le dit lui aussi très solitaire. Beaucoup d'invertébrés le sont pareillement, comme le ver du même nom.

En revanche, chez la plupart des animaux supérieurs, la règle, c'est la vie en société.

Au sein d'une société, des individus de même espèce se regroupent en fonction d'objectifs et d'intérêts communs : recherche de nourriture, partage des ressources, protection des plus faibles et surtout des jeunes. La société postule un regroupement d'individus avec émergence de nouvelles potentialités ou capacités qui dépassent, et de loin, ce que pourrait accomplir un individu isolé. Comme partout, l'union fait la force.

Un regroupement d'individus ne conduit pas toujours à la création d'une société. Une foule, par exemple, peut rassembler d'innombrables individus au sein d'une masse dénuée de toute structure, de toute hiérarchie comme de tout lien organique. Par une chaude nuit d'été, lorsque la soirée se prolonge sur la terrasse, la lampe exerce sur les insectes une attraction irrésistible ; ils volettent autour de l'ampoule et beaucoup s'y brûlent les ailes ; parmi cette foule, aucun individu n'exerce le moindre rapport avec les autres : pas de lien social, seulement un regroupement anarchique.

Pas davantage de société entre les personnes qui se retrouvent assis dans une même salle de cinéma : la projection terminée, tous s'en retournent sans nouer de lien entre eux. *Idem* lorsqu'une équipe sportive remplit un stade : des milliers de supporters forment une foule dense qui se disperse dès la fin du match. Si l'associativité postule des propriétés émergentes, il n'en est rien ici : les individus au sein d'une foule ne tissent entre eux aucun lien organique, si ce n'est de se trouver au même lieu à la même heure. À ne pas confondre avec une foule de manifestants unis par une même idéologie ou un même combat.

Si des insectes attirés par la lumière forment une foule composée d'individus d'espèces différentes, dans le monde des invertébrés l'associativité maximale appartient aux insectes sociaux : fourmis, termites, abeilles. Leur degré d'associativité conduit à les comparer aux cellules d'un organisme unique, parfaitement coordonné, au sein duquel la coopération entre cellules atteint un tel niveau de perfection que nous avons peine à en concevoir les subtiles modalités. Que de fois notre ami Rémy Chauvin nous émerveillait par ses récits toujours passionnés sur le monde des abeilles ! La ruche illustre une coopération parfaite et une solidarité absolue ; la démographie elle-même y est régulée par l'essaimage qui permet aux abeilles d'éviter la surpopulation.

L'abeille symbolise l'harmonie sociale depuis l'Antiquité. Dans l'Égypte ancienne, le pharaon était désigné comme étant « celui des carex et de l'abeille ». L'abeille représente la Basse-Égypte, et les carex, fournisseurs de papyrus, la Haute-Égypte. La monarchie française reprit ce symbole en certaines circonstances : dans la dynastie des Mérovingiens, la plus ancienne ; puis, chez les Capétiens, Louis XII à cheval portait une tunique où des abeilles remplaçaient les fleurs de lys dans les armoiries royales ; à son tour Napoléon 1er reprit ce symbolisme de l'harmonie politique et de l'efficacité industrieuse.

Si le principe d'associativité met à son actif, chez les insectes sociaux, ses plus belles réussites, dans une autre direction de l'évolution, celle des vertébrés, les poissons offrent maintes illustrations du même principe. Ceux d'entre eux qui vivent en bandes dans les eaux libres des océans empruntent à la fois à la foule et à la société. Comme les foules, le banc ou la bande compte une multitude d'individus et est comparable à un essaim. Ces poissons n'ont aucun territoire, ils se déplacent librement en mer. Bleu clair, argentés comme les sardines, les harengs ou les maquereaux, ils n'arborent pas de couleurs voyantes. Aucun lien organique n'existe entre les individus de la bande, hormis un seul : chaque poisson est sécurisé par la vue de ses proches voisins, et on le verra toujours se diriger de manière telle que ces voisins ne lui fassent jamais défaut. Ce mode de vie les protège des attaques des prédateurs, lesquels s'effraient à voir ces bandes énormes qui, par leur volume, simulent un organisme unique. Isolés, ces poissons seraient promptement dévorés par quelque barracuda de passage, et leurs espèces auraient peut-être disparu, enrichissant l'immense cimetière des espèces non conservées par l'évolution. La bande protège donc les individus qui la constituent. On la considérera comme une première étape dans la mise en œuvre du principe d'associativité chez les poissons.

Rien de tel chez leurs congénères des récifs coralliens, territorialisés, agressifs et colorés. Ils défendent leur territoire, une parcelle de récif, contre tout agresseur qu'ils tentent d'effrayer par leur tunique chamarrée, équivalent des drapeaux nationaux qui marquent nos propres territoires. Il en résulte une agressivité forte, complètement étrangère aux poissons vivants en bancs dans les eaux libres. Dans le récif s'établit un lien étroit entre le territoire et l'agressivité mise en œuvre pour le défendre.

La bande est la ligne de défense des petits : l'union fait la force. Chez les habitants du récif, c'est plutôt : « Retire-toi de là que je m'y mette ! », aphorisme que les amis de Darwin, souvent plus darwiniens que lui-même, auraient fait leur. Mais, ici, pas de société d'individus de même espèce. Tous contribuent certes au fonctionnement de ce riche écosystème qu'est le récif, mais chacun travaille pour son propre compte. C'est au sein de l'écosystème tout entier que joue le principe d'associativité.

Chez ces poissons, l'agressivité des individus à l'encontre d'un intrus baisse lorsqu'il s'agit d'un voisin de même espèce, en général mieux toléré que l'étranger. Mais aucun lien individuel n'a cours entre ces deux poissons. Qu'on les déplace, et ils cessent de se reconnaître et de se tolérer : la bagarre entre eux reprend aussitôt.

Observons maintenant les poissons tropicaux d'eau douce, comprenant de nombreuses espèces vivant en aquarium : les cichlidés. Les jeunes mâles arrivés à la puberté conquièrent un territoire, puis vient l'heure de s'accoupler. Le couple illustre un haut niveau d'associativité et les cichlidés nous renseignent sur les modalités de sa formation. Entre les partenaires se manifestent désormais des liens personnels et durables, mais longs à s'établir. Une femelle s'approche avec précaution, le mâle l'attaque aussitôt. Pudique, la femelle reconnaît son infériorité et s'éclipse. Tôt ou tard, elle réapparaît et se fait à nouveau assaillir. Ce manège se répète plusieurs fois et permet peu à peu aux futurs amants de s'habituer chacun à la présence de l'autre, en sorte que les stimuli déclencheurs de l'agression perdent de leur efficacité. Le mâle s'habitue à être visité, et ce d'autant plus aisément que sa partenaire s'approche en empruntant toujours le même chemin, sous le même éclairage, bref, dans des conditions similaires. À défaut, le mâle sentira en elle une étrangère et le combat reprendra derechef.

Si, ce premier stade de l'accoutumance mutuelle étant atteint, on transvase les deux poissons dans un autre aquarium, l'approche devient à nouveau difficile. Il en faudra de très nombreuses autres pour que le comportement pacifique finisse par s'enraciner entre les deux partenaires et devienne indépendant du cadre dans lequel il s'est établi. On pourra alors transvaser le couple et même le transporter au loin sans qu'il se déchire.

Entre-temps, le comportement de la femelle a changé : peureuse et humble au début du processus, elle s'est désormais départie de son appréhension du mâle et, du même coup, de l'inhibition qui l'empêchait de se comporter agressivement à son endroit. Sa timidité a disparu, la voici grosse et insolente, ne craignant plus de se dresser face à son époux, au milieu du territoire où elle se sent désormais chez elle. Un tel comportement déplaît évidemment au mâle qui se fâche et se dresse à son tour contre cette mégère. Il prend la position dite de l'« épattement » qui prélude normalement à l'éperonnage de l'ennemi. Et le voici qui se lance à l'attaque ! Mais, ô surprise, pas du tout contre sa femelle : il l'évite de justesse, la dépasse, fonce sur un congénère qui n'est autre, dans les conditions naturelles, que son voisin de territoire, qu'il esquive finalement.

Nikolaas Tinbergen et Konrad Lorenz qualifient ce processus de « geste nouvellement orienté », ou « réorienté ».

Des simples instincts grégaires de la bande anonyme aux comportements sophistiqués et raffinés des cichlidés, on mesure les « progrès » de l'évolution dans cette classe de vertébrés. Non seulement les cichlidés pratiquent l'apprivoisement du partenaire, mais, de surcroît, ces poissons illustrent une potentialité nouvelle, bien connue des comportementalistes : la réorientation de l'agressivité sur un nouvel objet. Un homme en colère contre son voisin décharge son agressivité, de retour au domicile, contre sa femme, à moins qu'il ne frappe du poing sur la table : deux comportements déviés, puisque le geste agressif n'est plus dirigé contre l'agresseur. C'est toujours un autre – ou une autre – qui paie les pots cassés !

Mais, en attaquant un autre congénère que son épouse provocatrice, le poisson n'invente pas d'emblée un type nouveau de comportement qui serait purement aléatoire. Bien au contraire, ce type de réponse à l'agression a été sélectionné, ritualisé, il fait désormais partie des instincts bien établis de l'espèce. Cette faculté de dévier l'agression est une trouvaille géniale de l'évolution : elle aboutit à des comportements nouveaux par lesquels l'aménité se substitue paradoxalement à l'agressivité, comme on peut le voir chez des groupes plus récents comme les oiseaux ou les mammifères.

Si les cichlidés parviennent à détourner leur agressivité sur des objets innocents, les oiseaux, plus évolués que les poissons, vont beaucoup plus loin : ils manifestent des comportements évolutifs qui évoquent ceux-là mêmes s'exerçant au sein des sociétés humaines.

Observons d'abord les tadornes d'Europe, canards à bec rouge et à plumage multicolore. Les femelles sont aussi agressives que les mâles ; elles participent au combat lorsque deux couples s'affrontent. Pleine de fureur, une cane fonce sur le couple ennemi, mais, en cours de route, elle s'effraie vite de son audace, se ravise et se tourne vers son mari, plus gros qu'elle, et se place sous sa protection, face à lui. Sécurisée par la présence de son partenaire à ses côtés, elle se rengorge ; l'envie de combattre lui revient et elle recommence à menacer le couple ennemi. Dans cette séquence se succèdent tour à tour les expressions de l'agressivité, de la peur, du besoin de protection, puis, à nouveau, de l'agressivité et de l'envie de combattre. Des mouvements spécifiques accompagnent chaque phase de la séquence. Lorsqu'elle attaque, la femelle fonce sur l'adversaire tête baissée, le cou étiré, puis, faisant demi-tour, elle se redresse et revient dignement vers son mari, la tête haute. Mais, son agressivité reprenant le dessus, on la voit, sans même se retourner, rejeter la tête et le cou en arrière, par-dessus l'épaule, pour faire à nouveau face à ses adversaires et les menacer.

Les choses vont plus loin pour le canard colvert, ancêtre du canard domestique. Lorsque la femelle commence à s'exciter face à un couple ennemi, elle le fait de front, comme précédemment, cou et tête tendus en avant. Mais, au fur et à mesure que son excitation grandit et qu'elle approche de son adversaire, une force étrange semble attirer irrésistiblement sa tête en arrière, par-dessus l'épaule. Les yeux de la cane n'en restent pas moins fixés sur l'objet de sa colère : elle louche. Étudiant ces comportements, Konrad Lorenz[1] met dans le bec de la

1. Konrad Lorenz, *L'Agression, une histoire naturelle du mal*, Flammarion, 1993.

cane les propos suivants : « Je voudrais menacer en direction de cet haïssable canard étranger, mais quelque chose me tire la tête dans une autre direction. » Voilà bien un comportement paradoxal, conflictuel, où l'on décèle des mouvements contradictoires, de sens opposé. Une seule explication possible : au cours de l'évolution, dans le phylum des canards, un nouvel élément s'est ajouté au simple comportement des tadornes d'Europe. Si le comportement primordial subsiste chez le colvert, un mouvement instinctif est venu s'ajouter, copie génétiquement fixée de mouvements ancestraux qu'on observait chez les tadornes. Bref, ce type de comportement s'est ritualisé, pour reprendre l'expression créée par sir Julian Huxley avant la Première Guerre mondiale. Mieux encore : la ritualisation modifie non seulement la séquence des mouvements, mais aussi leur signification : elle l'inverse. Chez une cane colvert célibataire, ce mouvement exprime désormais une demande en mariage, à ne surtout pas confondre avec une demande d'accouplement qui se manifestera de manière toute différente. La demande en mariage exprime le désir de la cane de s'unir à un mari pour une longue durée, et le mâle répond à sa prétendante par un comportement non moins ritualisé : il boit et feint de se lisser les plumes ; c'est sa manière à lui de prononcer le « oui » décisif. Le couple est formé et, sauf accident, il liera durablement les partenaires.

Konrad Lorenz observe aussi que deux « forces mâles » peuvent se conjuguer chez les jars, formant des couples homosexuels particulièrement durables et performants. Mais qu'advient-il alors de la sexualité ? Celle-ci apparaît lorsque ces couples, formés dès leur tendre enfance, accèdent à la puberté. Au printemps, saison des amours, ils tentent de copuler, mais ni l'un ni l'autre n'a l'idée de se coucher à plat ventre sur l'eau, comme font les femelles. Ils se rendent alors compte que « ça ne marche pas », se fâchent quelque peu, sans toutefois manifester une déception exagérée. Le fait que celui qu'ils prennent pour leur femme est quelque peu frigide n'entame nullement leur amour. Ils ne se risquent pas davantage à copuler. Puis, l'hiver venant, ils oublient leur déconvenue et, avec le retour du printemps, le même scénario se reproduit sans que leurs fidèles relations en pâtissent vraiment. L'amour plus fort que le sexe ? Le platonisme de ces jars ne laisse pas de surprendre.

De l'agression entre individus d'une même espèce à la mise en place de liens personnels stables, long est le chemin parcouru par l'évolution. Mais, selon Lorenz, l'agression est toujours première. Elle est le point de départ archaïque d'où dérivent les plus belles inventions de la vie. Au départ, l'agressivité coïncide avec la défense du territoire, de celui qui l'occupe et y trouve sa sécurité. La conquête d'un territoire correspond donc à la défense du « moi » qui, pour reprendre l'expression de Hegel, « se pose en s'opposant ». À l'adolescence, le « moi » se pose d'abord et se défend avant de passer à l'étape suivante, avec la découverte qu'il existe plus grand que soi. Le couple voit alors le jour ou, chez d'autres espèces, apparaissent d'autres formes de vie sociale où l'évolution passe du « je » au « nous ».

De semblables constats ont pu être faits dans les rapports entre les plantes et les champignons qui, dans les sols, leur fournissent les éléments minéraux dont elles ont besoin pour croître. Un faisceau de présomptions laisse penser qu'à l'époque de la conquête de la vie terrestre les algues vertes, pionnières, étaient parasitées par ces champignons qui y pompaient leur nourriture – la matière végétale qu'elles fabriquaient par photosynthèse – sans leur rendre de services en échange : simple parasitisme. Le phénomène se serait inversé au cours de l'évolution pour aboutir à une des plus brillantes symbioses du monde vivant, celle qui lie les racines des plantes aux champignons du sol. La plante apporte des sucres, du « sirop », au champignon, et celui-ci transfère dans les racines de la plante les sels minéraux et l'eau nécessaires à sa croissance : de l'eau... « minérale » ! Tel est le monde fascinant des *mycorhizes*, ces champignons microscopiques qui prolongent dans le sol le réseau racinaire et sont passés du parasitisme à la symbiose.

Dans ces exemples, l'évolution tend à réduire l'agressivité qui, sans régulation, entraînerait la nature dans le chaos en rompant ses équilibres. En déviant l'agressivité comme chez les cichlidés, ou en l'inversant comme chez les canards, l'évolution modifie les comportements ancestraux, ainsi qu'on le voit dans l'« invention » du couple. La sexualité humaine illustre bien ce propos : la pénétration est un acte agressif, plus encore lorsqu'il s'agit d'un viol. Mais qu'elle soit vécue dans l'amour que se vouent les partenaires, et sa signification s'inverse : elle s'installe alors dans le don mutuel et devient le symbole de l'amour offert et partagé.

Dans bon nombre de lignées évolutives, le processus d'évolution va dans ce sens : les comportements coopératifs ont été et sont encore retenus par la sélection naturelle en raison des bénéfices qui en résultent. Au sein des sociétés ou des microsociétés comme le couple, elle pousse celles-ci à rechercher un gain de négentropie, favorisant la montée en puissance des partenariats coopératifs, sociaux et solidaires. Les potentialités évolutives du principe d'associativité et les propriétés émergentes qui en découlent se révèlent donc des pistes majeures dans l'étude de l'évolution. L'agressivité reste toutefois omniprésente, même si nombreuses sont les stratégies visant à la canaliser ou l'inhiber. Le diptyque compétition/coopération subsiste. Mais qu'en sera-t-il dans un lointain futur ? La coopération finira-t-elle par l'emporter tout à fait ?

Il est temps d'observer les mammifères. Dans une meute de loups, les combats pour le pouvoir sont violents. Le vainqueur met hors jeu son adversaire. Il ne l'égorge que symboliquement, tenant sa carotide sous ses crocs, mais sans refermer l'étreinte. Le perdant fait allégeance en se couchant sur le dos, les quatre pattes en l'air. Il sera un dominé, mais, grâce à ce rituel, il aura la vie sauve. Il poursuivra son existence sous la protection du chef de meute qui aura conquis son titre au combat comme le général romain proclamé empereur au retour du champ de bataille.

Chez les animaux qui nous ressemblent le plus, comme les chimpanzés et les bonobos, la vie sociale est intense. Nous partageons 99 % de nos gènes avec les premiers, ce qui nous les rend très proches. Querelleurs et bagarreurs, ils savent se montrer habiles négociateurs, voire même « bien élevés », car chez eux l'éducation reçue joue, comme chez nous, un rôle capital. L'apprentissage est privilégié et les enfants reproduisent les modèles parentaux et sociétaux de leurs géniteurs. Les chimpanzés sont en outre capables d'oublier leurs griefs. Ils savent se réconcilier et mettre en œuvre des stratégies destinées à éviter les conflits.

En ce qui concerne le partage de la nourriture, les animaux de haut rang ne se l'approprient pas en propre, ou ne la conservent pas pour eux seuls. Dans la nature comme en captivité, ils autorisent les inférieurs à s'en saisir, ou bien accèdent à leur demande en leur en abandonnant une part. Si cette demande est ignorée, les subordonnés en sont fort perturbés et vont jusqu'à manifester leur colère par de véritables crises de nerfs. Pour éviter de tels psychodrames, ceux qui ont de la nourriture, quel que soit leur statut, s'en éloignent lorsqu'un membre du groupe particulièrement envieux vient à s'approcher : comportement inhabituel dans la plupart des sociétés de singes. Le quémandeur de nourriture manifeste son désir en s'approchant de son congénère, main tendue, paume ouverte. Ce geste, que l'on observe fréquemment après les conflits, exprime une demande de réconciliation. Le geste invitant au partage de la nourriture est donc celui-là même de l'invite à la paix. La riche symbolique du repas partagé, qui culmine dans la Cène, trouve peut-être ici ses plus lointaines racines.

Avec les chimpanzés nous entrons dans un monde où existe le pardon. Des comportements conviviaux se mettent en place pour tempérer l'agressivité. Les stratégies de lutte pour le pouvoir s'amortissent également pour ce qui a trait à l'appropriation des femelles : là encore apparaît la notion de partage. Chez la plupart des singes, les mâles adultes s'évitent en présence d'une femelle sexuellement réceptive ; les chimpanzés, au contraire, surmontent ces tensions par le geste d'amitié par excellence : l'épouillage. Confrontés à une rivalité sexuelle, les mâles se rassemblent plus qu'ils ne se dispersent. Après une longue séance d'épouillage entre mâles, un individu subordonné peut s'approprier la femelle sans devenir la cible de l'agression des autres. Tout se passe comme si les mâles dominés obtenaient la « permission » de s'accoupler en échange de leur bonne volonté dans les séances d'épouillage – phénomène baptisé « marchandage sexuel ».

Chez ces primates très évolués, on passe donc du principe des privilèges liés à la domination à celui du partage et de l'échange. Les subordonnés calment les dominants et les rendent tolérants ; les dominants acceptent ce marchandage suivant le principe d'« un prêté pour un rendu » : « Tu m'épouilles et je t'autorise à copuler. » Ce qui implique une prévision à long terme quant aux avantages à tirer des privilèges ainsi accordés.

Aussi proches de nous que les chimpanzés, les bonobos forment des sociétés plus pacifiques. La balance compétition/coopération penche en faveur du second terme de l'alternative. Dans ces sociétés matriarcales, les femelles jouent un rôle primordial et un exercice intense de la sexualité réduit l'agressivité. Les mâles y conservent toute leur vie un rapport étroit avec leur mère dont l'influence est souvent déterminante dans le déroulement des combats qui les opposent. Un mâle adulte se hissera au sommet de la hiérarchie si sa mère est de haut rang. Son statut lui est donc conféré par celle-ci, fait très rare chez les mammifères, hormis chez les lémuriens de Madagascar et la hyène tachetée.

C'est dans l'exercice de la sexualité que les bonobos donnent leur pleine mesure : le slogan hippie des années 1960, « Faites l'amour, pas la guerre », pourrait leur tenir lieu de mot d'ordre. Ignorant le couple, les bonobos ne manifestent pas de préférence sexuelle spécifique ; ils ignorent la jalousie. Moins orientés vers des conflits de pouvoir que les chimpanzés et les humains, ils utilisent la sexualité pour résoudre les tensions. Il existe chez eux un lien étrange entre sexualité et prise de nourriture, qui confirme l'importance de la fonction sexuelle dans cette espèce. Dans le zoo d'Arnhem (Pays-Bas) où on les étudie, les mâles entrent en érection dès que les gardiens s'approchent avec le plat du jour, et les activités sexuelles reprennent aussitôt, provoquées par l'arrivée du repas. Il semble que ce comportement ait pour objet de faire tomber la concurrence et les tensions que l'apport d'aliments engendre entre individus, le comportement sexuel jouant là comme un mécanisme d'apaisement. On peut dire que les bonobos ont poussé très loin l'art de la réconciliation par le sexe. Certes, les humains aussi se raccommodent sur l'oreiller, mais, le plus souvent, avec leur partenaire, pas avec n'importe qui. Les bonobos, eux, substituent les activités sexuelles aux rivalités. Elles apaisent la concurrence à l'heure du repas, facilitent les rapprochements après les affrontements et font de cette espèce l'une de celles où la sympathie et l'empathie entre congénères sont les plus élevées. Faut-il y voir une conséquence de leur alimentation à forte dominante végétarienne ? Ils ne consomment en moyenne que 1 % de protéines d'origine animale. Ce quasi-végétarisme jouerait-il un rôle dans l'atténuation de l'agressivité ? Question largement débattue et controversée chez les ethnologues pour ce qui concerne notre espèce.

Les modalités des comportements sociaux chez les animaux supérieurs sont infinies. Plus ils gagnent en associativité, plus riches sont les performances des individus au service du groupe. En découle l'émergence de nouvelles formes associatives au sein de sociétés moins rustiques et plus policées. Cette ligne évolutive atteint son point culminant au sein des sociétés humaines.

Troisième partie

L'HUMANITÉ

Chapitre 10

LE CERVEAU

Des milliards de neurones interconnectés

Le passage du monde minéral au monde vivant et de ce dernier à l'humanité constitue, aux yeux de Teilhard de Chardin, les deux seuils, de complexité croissante, caractéristiques de l'évolution de l'univers : le « pas de la vie », puis le « pas de l'esprit ». Ce second palier est, une fois encore, la conséquence de la manifestation du principe d'associativité. Tout se passe comme si l'être humain empruntait les acquis des étapes antérieures, et d'abord la symbiose.

Le corps humain est le fruit d'une symbiose entre les 50 000 milliards de cellules qui le constituent et les 500 000 milliards de bactéries qu'il héberge (soit dix fois plus de bactéries que de cellules à noyau). C'est à ce monde bactérien que nos organismes confient la tâche de rendre leurs aliments assimilables. Ce travail biochimique de modification des intrants commence dès notre bouche, porteuse d'une vaste population bactérienne, et se poursuit dans le tube digestif. Les bactéries sont aussi présentes sur notre peau et, chez les ruminants, dans leur panse.

Mais c'est au niveau du cerveau que le principe d'associativité donne toutefois sa pleine mesure. Cet organe existe chez les invertébrés comme les pieuvres où il est très développé, avec une complexité similaire à celui des vertébrés. Elles développent des capacités cognitives et savent par exemple utiliser les noix de coco flottant en mer comme outils. L'« évolution-fiction » a imaginé un monde où les pieuvres auraient précédé les humains sur le chemin de la conscience – un honneur parfois aussi réservé aux dauphins et à leur gros cerveau. On objectera que le milieu marin est beaucoup plus homogène que le milieu terrestre et exige moins d'efforts adaptatifs. Évoluer, c'est tirer profit des situations de crise pour atteindre de nouveaux paliers d'organisation et de comportement, ce que la vie sur les continents a imposé aux animaux terrestres. Les animaux marins, eux, sont dispensés de s'adapter aux conditions écologiques sans cesse changeantes sur les terres exondées ; d'où, peut-être, une évolution plus lente que celle des terrestres.

Caenorhabditis elegans, un minuscule ver nématode, a été très étudié en génétique car il ne possède que 302 neurones, soit un cerveau des plus simple dont l'étude a valu au Britannique Sydney Brenner un prix Nobel en 2002. Cet organe est constitué de cellules spécialisées dans la transmission de l'influx nerveux : les neurones. Chez l'homme, on en compte 100 milliards, chacun pouvant s'interconnecter avec 10 000 autres, le tout formant un réseau d'une complexité inouïe. Le chiffre vertigineux du million de milliards d'interconnexions potentielles donne une idée des performances de ce superordinateur biologique. L'associativité entre les neurones atteint ici son point culminant, et l'émergence des propriétés nouvelles qui en résultent s'impose à l'évidence : l'homme est capable de performances qu'aucune autre espèce ne peut réaliser. Il émerge à la conscience et au libre arbitre.

Les études visant à corréler volume du cerveau et capacités cognitives sont nombreuses. Plus le cerveau est gros, plus grand est son potentiel, même si celui-ci n'est pas nécessairement mis en œuvre et si le volume n'est pas toujours proportionnel au nombre de circonvolutions. Dans la lignée des primates anthropoïdes, il est de 600 centimètres cubes chez *Homo habilis*, à peine plus que chez les grands singes, mais passe de 700 à 1 300 chez *Homo erectus*, puis à 1 400 chez *Homo sapiens*. Toutefois, dans le monde des mammifères, les dauphins font mieux que nous avec un volume cérébral oscillant autour de 1 500 centimètres cubes.

Il n'est certes pas illogique de considérer le dauphin comme l'animal le plus intelligent du monde après l'homme. Mais ce classement quelque peu anthropocentrique vise à comparer l'intelligence des uns et des autres alors que le concept même est pour le moins débattu, voire contestable. Parlons plutôt ici de capacités cognitives. Celles-ci sont corrélées au volume du cerveau, mais surtout au nombre des interconnexions entre ses neurones. Les humains ne développent qu'une partie des potentialités de leur cerveau en fonction de leur culture et de leur éducation. René Barjavel distinguait dans son œuvre romanesque des cerveaux « allumés », privilège rare, selon lui, parmi les vastes populations de cerveaux jamais « enclenchés ». Les cerveaux sont plus ou moins formés, voire formatés par les enseignements prodigués, les expériences de vie et la qualité des rencontres. Mais nous sommes là dans le monde de la culture, et on se gardera d'aller plus avant dans la question si débattue des liens entre « nature » et « culture ».

Nous nous bornons ici à suivre l'évolution de la nature : d'étape en étape, elle ne cesse de créer du neuf sans pour autant faire disparaître les acquis des étapes précédentes. Chaque palier est représenté dans le vaste monde de l'écosystème terrestre : les cellules à noyau n'ont pas éliminé les bactéries ; les pluricellulaires continuent de coexister avec les monocellulaires, et les humains avec tous les autres. Les « pas » successivement franchis enrichissent la biodiversité globale dont le principe d'associativité est l'un des agents essentiels.

Chapitre 11

LES SOCIÉTÉS HUMAINES

Bref regard sur la marche du monde

Dès l'origine de l'histoire d'*Homo sapiens*, vieille de près de 200 000 ans, des clans se forment. Un nombre limité d'individus s'organisent autour d'un chaman dépositaire de l'autorité, là où un être isolé ne saurait survivre. La chasse au gros gibier – cerfs, élans, sangliers – est l'activité principale du groupe, mais aussi la chasse à l'ours, plus dangereuse et pourtant indispensable, son pelage offrant des vêtements chauds. Il a fallu attendre notre époque pour voir le discrédit s'abattre sur le port des fourrures, symbole de la maltraitance infligée aux animaux.

À l'autre extrémité de l'histoire humaine, la société mondialisée et interconnectée par les moyens modernes de communication paraît, *a contrario*, d'une complexité inouïe. Sitôt franchi le « pas de l'esprit » cher à Teilhard de Chardin, les sociétés humaines se diversifient à l'infini dans une formidable ethnodiversité. Teilhard avait-il eu l'intuition de l'émergence d'une humanité rassemblée, marchant vers son aboutissement, le « point Oméga », et formant à ses yeux ce que McLuhan appellerait plus tard le « Village planétaire » ? Telle serait bien l'ultime étape où s'appliquerait sur le globe notre principe d'associativité. Déjà un puissant mouvement collectif nous emporte, qui ne cesse de s'accélérer, où les Terriens que nous sommes prennent conscience de leur maison commune : la planète. Mais, tout comme le grand large effraie, le stade de l'État-nation peine à être dépassé. Rêve d'unité, mais souci d'affirmer sa différence : tel est bien le challenge de l'Europe dont la devise, « unis dans la diversité », est à la fois un combat et un programme. Plus avant, l'ONU s'implique sans cesse davantage dans les débats planétaires : caisse de résonance des conflits, mais aussi institution porteuse des espoirs de la communauté humaine enfin rassemblée. À tous les niveaux, l'association est la règle, dans un accouchement long et laborieux que freinent la lenteur de l'évolution des mentalités et la diversité des modes de vie, des langues, des religions, etc. À quand l'humanité réunie dans sa diversité pour le meilleur et non pour le pire ?

L'idéologie capitaliste mondialisée a fait du libéralisme et de la dominance des marchés la religion des temps modernes dans le droit fil de la pensée de Jeremy Bentham, père de l'utilitarisme. Bentham assignait pour but à la société d'offrir à chacun de ses membres, pris individuellement, un maximum de jouissance, annonçant ainsi le « principe de plaisir » omniprésent dans la psychologie moderne. Il s'agit de dispenser à chaque individu vivant sur la planète de plus en plus d'agrément et de moins en moins de souffrance. Chacun étant différent, il lui revient donc de trouver son plaisir en vertu d'un premier principe : le moi d'abord (« parce que je le vaux bien »). Un second principe est à l'œuvre dans nos sociétés de consommation, le mimétisme : chacun de désirer ce que l'autre possède et qu'il n'a pas. D'où la tyrannie des modes qui s'imposent de plus en plus et changent de plus en plus vite. À la publicité de flatter ces deux instincts, principe de plaisir et mimétisme, maîtres mots du libéralisme.

Après la chute de l'empire soviétique, Francis Fukuyama a cru pouvoir annoncer la « fin de l'histoire », l'émergence d'une société mondiale entièrement fondée sur un libéralisme intégral et sur la recherche éperdue, par tous et pour tous, du maximum de plaisir. Mais une telle quête met en compétition des individus que les ressources limitées n'autorisent pas à acquérir les biens auxquels ils aspirent. D'où les frustrations que l'on sait, les conflits qui menacent, la précarité de la paix.

L'humanité se serait-elle fourvoyée dans une fausse direction ? L'émergence d'*Homo sapiens* à la conscience et à la liberté le pousse-t-elle inexorablement dans cette voie, ou faut-il en explorer d'autres ? Celle de la solidarité, du partage et des hautes vertus qui déjà inspiraient les philosophes grecs et que proposent les grandes religions ? La question reste ouverte.

Notre destin est entre nos mains. Verrons-nous des conflits se durcir, se généraliser, et ce malgré nos extraordinaires moyens de communication ? Lesquels pourraient être mis au service des idéologies les plus implacables et des pouvoirs les plus dangereux. Parviendrons-nous à construire une société plus humaniste ? Y mettrons-nous moins de matérialisme, d'économisme, plus d'engagement dont la sauvegarde de la planète, plus d'amour pour irriguer l'humanité ? Y parviendrons-nous ? S'associer est aimer. Certes, on peut aussi s'associer – se coaliser – pour faire la guerre. Tel est l'éternel problème du mal ! Parvenus à ce stade de notre réflexion, nous parlerons donc d'associativité *positive*.

Chapitre 12

OÙ RESURGIT LA QUESTION DU SENS

Au terme de notre voyage, alors que resurgit la question du sens, plusieurs questions se posent. La première est d'ordre scientifique : cette vision qui est la nôtre est-elle compatible avec les acquis du darwinisme ? La réponse est affirmative. Si l'associativité est, de par sa nature, créatrice de nouveautés, celles-ci sont soumises au tri de la sélection naturelle au même titre que les « variations » dont on parlait à l'époque de Darwin. L'associativité crée, la sélection trie. L'associativité est une lame de fond, un principe créateur interne à l'évolution de l'univers, expliquant les grandes transitions qui caractérisent l'évolution universelle. Peut être a-t-on eu tort de considérer la sélection naturelle comme l'unique moteur de l'évolution cosmique, biologique et humaine. L'on voit ici qu'il est en tout cas nécessaire de l'adosser au principe d'associativité qui, par son universalité, rend l'évolution de l'univers cohérente, significative, porteuse de sens. À tout le moins si le mot signifie « direction ».

Cette question du sens n'a pas laissé indifférents penseurs et scientifiques. On se souvient que Jacques Monod, prix Nobel de médecine, écrivit dans *Le Hasard et la Nécessité* : « L'homme est perdu dans l'immensité indifférente de l'univers d'où il a émergé par hasard. Non plus que son destin, son devoir n'est écrit nulle part. » Des propos relayés par le prix Nobel de physique Steven Weinberg : « Plus on comprend l'univers, plus il nous apparaît vide de sens. » Se posant les mêmes questions, Pascal s'avouait effrayé par le « silence éternel des espaces infinis ». Ce à quoi Claudel rétorqua, trois siècles plus tard : « Le silence éternel des espaces infinis ne m'effraie plus. Je m'y promène avec une confiance familière. Nous n'habitons pas un coin perdu d'un désert farouche et impraticable. Tout dans le monde nous est fraternel et familier. »

Pour qui s'interroge sur cette question du sens, le principe anthropique est éclairant. Avancé par le physicien Brandon Carter en 1974, il postule que les lois de la physique universelle, d'un bout à l'autre de l'univers et à travers ses milliards d'années, sont finement réglées, rendant possibles l'émergence de la vie, puis celle de l'homme. Une tautologie, puisque c'est bien ce qui s'est produit après une évolution de 13,8 milliards d'années. Fred Hoyle, à qui l'on doit, rappelons-le, l'expression, péjorative à ses yeux, de « big bang », insiste quant à lui sur l'ajustement fin des constantes universelles : masse du proton, masse de l'électron, constante de la gravitation, constante de Planck, vitesse de la lumière, quantité totale de matière dans l'univers, intensité des quatre forces (gravitation, électromagnétisme, forces nucléaires forte et faible), etc.

Aucune théorie physique ne permet d'expliquer pourquoi ces constantes ont la valeur qu'elles ont plutôt qu'une autre. Soit, par exemple, la densité initiale de l'univers : si celle-ci avait été un peu plus élevée, l'univers se serait effondré sur lui-même par gravité en un big crunch en l'espace d'un million d'années, laps de temps beaucoup trop court pour que soit parcourue toute la pyramide de la complexité. À l'inverse, si la densité initiale avait été trop faible, ni étoile ni galaxie n'aurait vu le jour, et pas davantage la vie ni l'homme. Pour l'éminent astrophysicien Trinh Xuan Thuan à qui j'emprunte ces données, le réglage de la densité est d'une extrême précision (10^{-60}), comparable, dit-il, à celle dont ferait preuve un archer pour ficher une flèche dans une cible d'un centimètre carré située à 13 milliards d'années-lumière, soit aux confins de l'univers. Et notre astrophysicien d'y voir, à l'origine de l'évolution de l'univers, l'intervention d'« un principe créateur » qu'en tant que bouddhiste il n'appelle pas « Dieu ».

Dans un ouvrage cosigné par six auteurs de langue française[1], hormis Trinh Xuan Thuan et moi, Jean-Marie Pelt – lequel, en tant que croyant, attribue la naissance de l'univers à un Dieu créateur –, quatre auteurs, Ilya Prigogine, prix Nobel de chimie dont ce fut la dernière publication avant sa disparition, Albert Jacquard, lui aussi disparu depuis lors, Henri Atlan et Joël de Rosnay, affirmèrent tous penser

1. Patrice Van Eersel, *Le monde s'est-il créé tout seul ?*, Albin Michel, 2008.

que le monde s'était créé tout seul. De livre en livre, d'année en année, Joël de Rosnay[1] nous donne en particulier une vision du futur assez terrifiante : celui du règne des androïdes et des cyborgs, moitié hommes, moitié robots, appelés à peupler un monde parfaitement inhumain d'hommes-machines « postnaturels ». La technologie s'étant substituée à la nature, de celle-ci il ne serait même plus question !

Notre manière de voir l'évolution de l'univers pourra-t-elle être enseignée demain à nos enfants dans les écoles et les facultés ? C'est peu probable, car, malgré la mode du multidisciplinaire et du transdisciplinaire, dans la pratique les disciplines continuent à camper sur leur pré carré. Soumis à une obligation de résultats, les scientifiques se doivent de garder les yeux rivés sur le champ étroit de leurs objectifs de recherche, au détriment d'une vision d'ensemble cohérente et signifiante. Or, on ne regarde pas une œuvre picturale le nez sur la toile ; pour bien voir et tout voir, il faut du recul. En se plaçant à bonne distance, on découvrira l'ensemble du dessin, et, peut-être,

1. Joël de Rosnay, *Et l'Homme créa la vie*, LLL Les liens qui libèrent, 2010.

de surcroît, le *dessein* de l'auteur – ce qu'il a voulu exprimer.

Il est assez singulier que le principe d'associativité n'ait pas sauté aux yeux de la plupart des auteurs. Tous admettent le gain de complexité au fur et à mesure de l'évolution, mais le mécanisme à l'œuvre n'est généralement qu'effleuré, voire parfois complètement ignoré. Si la sélection naturelle s'apparente à une tautologie lorsqu'elle plaide pour la survie du plus apte, il en va de même du principe d'associativité, présent à l'évidence du quark jusqu'à l'homme. Mais, dans nos sociétés bercées par l'idée du non-sens telle que la véhiculent la plupart de nos penseurs contemporains, la question du sens a bien du mal à s'inviter au débat. Bornons-nous donc à constater que, si l'on prend le mot sens dans sa première acception, la « direction » suivie par la mégaévolution dans ses étapes successives, il est aussi possible de le prendre dans sa seconde acception, celle de « signification ». Leibniz se posait la fameuse question : pourquoi quelque chose plutôt que rien ? À chacun de répondre selon ses convictions personnelles. Mais il n'est pas interdit de penser que le hasard n'a pas eu le dernier mot.

Parvenus au point où nous en sommes, nous voici sommés de choisir entre une évolution fondée sur des associations positives, où l'emporteraient l'amitié, la solidarité, la coopération, la fraternité, la convivialité, les forces de l'esprit, et, pour tout dire, l'amour, et une société d'intense compétition aboutissant à une catastrophe nucléaire ou à un cataclysme écologique sans précédent. La priorité absolue donnée aujourd'hui à la production et à la consommation de biens matériels par une économie ultralibérale dont on ne cesse de nous rabâcher les pseudo-postulats, nous conduira tôt ou tard à revenir au sens premier du mot, à devenir *économes*. Et à remettre l'économie à sa vraie place : la seconde.

Une dernière question se pose. Nous en avons évoqué une première « Le big bang… et avant ? » Le moment est venu de nous demander : « Et après ? » *Quid* du futur ? Le principe d'associativité a-t-il dit son dernier mot en travaillant l'humanité pour la rassembler au sein d'une grande famille, fraternelle et solidaire ? Rien n'est moins sûr, mais rien n'est perdu. Certes, nous cheminons sur de mauvaises voies, comme le montre ici mon fidèle ami Pierre Rabhi avec l'acuité du regard d'un prophète et la plume alerte d'un philosophe. Mais la force de son engagement et ses magnifiques résultats obtenus dans le champ de l'agroécologie s'ouvrent, *in fine*, sur un message d'espoir. Entendons-le et suivons-le.

QUEL AVENIR POUR L'HUMANITÉ ?

par Pierre Rabhi

Lorsque mon ami Jean-Marie Pelt me proposa une sorte d'alliance pour la rédaction d'un ouvrage à deux voix – la sienne et la mienne –, ma première réaction a été un sentiment dubitatif... Qu'ai-je à dire que je n'aie déjà dit, usant assez largement de ce que l'on appelle les médias : écriture, conférences, radio, télévision, films, sans compter les rencontres dites informelles qui occupent une belle part de mes jours ? À travers mon expérience concrète, j'ai pu promouvoir un mode de pensée qui a pour principale caractéristique de servir le plus objectivement possible une suite de protestations à l'encontre de notre modèle de société. Ce modèle dont je conteste les fondements, les préceptes et les credo a probablement un sens dans l'évolution générale de l'histoire, mais n'en offre guère dans le quotidien où nous avons parfois l'impression de faire partie d'un carrousel de l'absurde. Il s'agit d'une rotation entre ceux qui adviennent à la vie et ceux qu'une finitude irrévocable dissipe. Entre-temps la formule de Pierre Fournier selon laquelle « nous ne savons pas où nous allons, mais nous y allons », garde, pour nombre d'entre nous, toute son acuité.

Je fais partie de ceux qui, avec une force exceptionnelle, pressentent qu'une logique digne de la vraie intelligence existe et n'attend que notre bon vouloir pour changer le monde. N'étant pas un scientifique au sens conventionnel du terme, et ne pouvant donc me prévaloir d'une discipline validée par les académies, je me cantonne au témoignage d'un autodidacte dont j'ai décrit l'itinéraire singulier, en particulier dans *Du Sahara aux Cévennes*[1].

C'est en lisant le texte de Jean-Marie qu'en l'occurrence j'ai pu concevoir ce que pouvait être ma modeste contribution. Sous la forme

1. Pierre Rabhi, *Du Sahara aux Cévennes*, Albin Michel, collection « Espaces libres », 2002.

d'une fresque synthétique, l'auteur a construit une rétrospective de l'aventure phénoménale de notre planète patrie depuis les origines lointaines de son avènement. L'irruption graduelle de la vie est fondée sur une stratégie si intelligente qu'il m'est personnellement difficile de l'assimiler à un simple hasard. C'est donc la question « *Quid* du futur ? » qui s'impose légitimement à notre réflexion, *a fortiori* dans le contexte planétaire actuel.

Le principe de « coopération » mis en exergue m'a beaucoup conforté dans mon intuition de non-spécialiste et libéré de l'inexplicable gêne infligée par le précepte darwinien de la lutte des espèces. Ce principe guerrier appliqué à l'évolution semble avoir été inspiré par le comportement humain. Cet antagonisme, dont la finalité aurait été l'extinction de la vie, est justement celui qui en garantit la prolongation. Il est évident que, pour ceux qui ont le « souci du monde », les évolutions à venir sont loin d'être rassurantes. En l'occurrence, il y a les optimistes, pour lesquels le temps présent est une transition, et les pessimistes, pour lesquels tout semble perdu. Encore une fois, l'avenir sera ce que l'humanité voudra qu'il soit, sous l'égide de la vraie intelligence ou bien sous celle de l'ignorance travestie en intelligence. N'étant détenteur d'aucune autorité pour arbitrer, c'est donc en m'appuyant sur ma propre aventure et les réflexions qu'elle a suscitées que, je dois l'avouer, en prenant de l'âge, je sens que certaines de mes certitudes, loin de se confirmer, ne cessent de se troubler, voire de se dissiper...

On dit – et c'est une performance de la raison de l'avoir établi – que l'avènement de l'espèce humaine (ce que les savants appellent l'*hominisation*) est des plus récents. Pour donner un ratio temporel, on estime que si l'on indexe l'âge de la planète (entre 4 et 5 milliards d'années) sur vingt-quatre heures, c'est-à-dire sur un jour plein, nous serions advenus depuis les deux ou trois dernières minutes de cette journée. L'humanité est-elle alors l'apothéose ou la conclusion d'une longue gestation planétaire, ou bien le résultat d'une banale combinatoire parmi d'autres ?

Lorsqu'une réponse est rendue trop ardue par le mystère, j'ai personnellement tendance à recourir à la poétique, cet espace où l'on peut délirer librement sans l'ombre d'une justification rationnelle ou scientifique. Cela confirme la proclamation magistrale de Socrate disant : « Ce que je sais, c'est que je ne sais rien. » Quel être humain lucide peut récuser pareille affirmation ? Car ce que nous appelons savoir, si vaste qu'il puisse être, n'est issu que de la partie de la réalité que la raison peut investir et appréhender, et encore, sans la garantie d'une vérité incontestable. Les philosophies et même les sciences issues des spéculations de la pensée sont loin de faire consensus, et ce constat les voue à demeurer au rang de points de vue ou d'hypothèses. Cependant, par sa capacité à démontrer objectivement ce qu'elle conçoit, la science possède un atout maître, même si elle n'est, pour autant, nullement infaillible.

Ne pouvant avancer une justification au phénomène humain, j'ai imaginé la planète Terre, un peu dépitée, se demandant : « À quoi servent tous les prodiges que j'ai réalisés ? À quoi sert ma beauté, s'il n'y a personne pour l'admirer ? » C'est alors que la planète, son œuvre achevée, décide de créer l'être humain : « Je vais faire en sorte qu'il puisse donner un sens à mon immense labeur, qu'il puisse admirer ma beauté, jouir de tous les bienfaits que je lui ai réservés. Car, sans cet admirateur, à quoi sert-il d'être belle ? »

Rien ne peut démontrer que cette vision poétique extravagante soit une affabulation sans aucun fondement. L'immensité du mystère laisse un vaste champ à l'imaginaire, et l'idée d'une Terre consciente n'est pas absolument à exclure. L'existence effective d'un

Créateur, niée par les uns, affirmée par les autres, ne pouvant être ni validée ni invalidée, il n'est, pour sortir du dilemme, que la foi. Le prodigieux être humain est un mammifère conscient, ce qui lui cause de grands tourments dont le plus fondamental est de se savoir mortel, donc doté d'une présence au monde très provisoire – la durée d'une étincelle, rapportée à l'éternité. On peut comprendre que ce « scoop » cruel ait provoqué dès l'origine une quête éperdue de sécurité. Tandis que toutes les autres créatures semblent vivre dans l'ici et maintenant, l'être humain entre en métaphysique dans un espace intangible ouvert à toutes les projections, parmi lesquelles l'immortalité : une continuité dans un ailleurs hypothétique, un au-delà. Après tout, le champ infini de l'inconnaissance ne permet pas de récuser cette éventualité, et la croyance ou le non-croyance échappent à l'arbitrage de la raison. Chaque âme est livrée à son libre choix, et même l'athéisme est une option que rien ne peut confirmer ni infirmer.

Après le long épisode d'une Terre perçue comme plate advient celui de la Terre perçue comme une planète sphérique évoluant dans un système solaire avec ses rotations et ses cycles. La connaissance humaine s'élargit, la sphère vivante se révèle dans l'espace, d'une façon plus intelligible, comme un minuscule oasis au sein d'un infini désert astral et sidéral. Malgré son caractère dérisoire, il s'agit bien d'un formidable miracle dont nous avons le privilège d'être les enfants, les bénéficiaires, avec parfois l'impression, lorsque les tribulations et les souffrances sont grandes, d'être malgré nous assignés à résidence terrestre. Consignés et comme incarcérés que nous sommes dans ce miracle, nos quelques sauts de puce dans l'espace, considérés à l'échelle de notre minuscule réalité comme de grands prodiges, ne font qu'accentuer notre condition contingente au sein d'un réel infini, dans la démesure du temps et de l'espace.

Tout, encore une fois, est relatif. Existe-il d'autres planètes vivantes peuplées de consciences et abritant des organismes singuliers ? Il semble que les télescopes les plus perfectionnés soient ici tenus en échec. Nous ne pouvons appréhender que ce qui est expression et matérialisation à portée des moyens dont nous disposons. Et, comme nous savons que ces moyens sont et seront toujours limités, le pur réalisme consisterait à prendre en compte ce fait irrévocable et à nous contenter du joyau terrestre pour y organiser un vivre-ensemble générateur de cette sensation suprême appelée : la joie.

Hélas, l'espèce humaine a inauguré, au sein de la coopération pour la vie, le principe de fragmentation et toutes les formes de dualité. Il suffit, pour s'en convaincre, d'ouvrir nos postes de radio : la planète est en feu. Le tribalisme sécuritaire ne se fonde pas seulement sur la nécessité de la survie biologique, relativement simple mais non résolue, il implique croyances, conjectures, convictions. L'espace métaphysique devient le champ où s'exercent et prolifèrent des postures contradictoires qui génèrent une suite d'antagonismes structurels issus d'une vision erronée du réel. L'histoire du genre humain prend les allures d'une cascade temporelle jalonnée et même balisée par la violence, avec ces victoires et ces défaites dont l'enseignement abreuve les enfants. Cela va même jusqu'à une sorte d'esthétisation de la violence, les uns étant décorés, les autres félicités pour avoir bien anéanti leurs semblables.

Nous sommes comme pris en otages par l'horreur de l'homme contre l'humain, mais aussi de l'humain contre la nature. Après les 12 000 ans de civilisation agraire et pastorale, des principes modernes ont prévalu, avec l'exaltation d'une technologie fondée sur la combustion énergétique. C'est le « pétrolitique », dont l'humanité contemporaine dépend de la façon la plus radicale. Ce Prométhée déchaîné a pour inconvénient majeur d'avoir engagé un processus quasiment en tous points contraire aux fondements mêmes de la vie. Il n'est plus question de la prolongation de la coopération, garante de la continuité de la vie, mais de la multiplication des transgressions qui la détruisent. Étant un intendant et un serviteur de la Terre nourricière, je puis témoigner des énormes nuisances que l'agriculture moderne, fondée sur la chimie de synthèse, commet chaque jour contre la vitalité des sols, les environnements naturels, les eaux, les semences reproductibles, etc. Il est évident que le comportement irrationnel de notre espèce a pour origine la perception de la planète non comme l'oasis de vie déjà évoqué, mais comme un gisement de ressources livrées, par un instinct prédateur terriblement exacerbé, à la cupidité. Ce phénomène humain est aujourd'hui particulièrement virulent au sein d'une pseudo-économie dénaturée par la finance produisant de la finance.

Dans son ouvrage intitulé *La Planète au pillage*[1], Fairfield Osborn met en évidence de façon magistrale l'impact très négatif de l'es-

1. Fairfield Osborn, *La Planète au pillage*, Actes Sud, « Babel », 2008. Préface de Pierre Rabhi.

pèce humaine sur la biosphère. Publié sitôt après la guerre, ce chef-d'œuvre a été salué par de grands esprits comme Aldous Huxley : « Ce livre force irrésistiblement l'attention sur l'un des problèmes les plus urgents de notre temps. Il préconise une nouvelle attitude éthique où la conservation des ressources naturelles et humaines de chaque pays sera regardée comme une obligation morale. » Albert Einstein ajouta : « On sent d'une façon aiguë, en lisant ce livre, la futilité de la plupart de nos querelles politiques, comparées avec les réalités profondes de la vie. » L'imparable justesse de ces deux appréciations ne fait que se renforcer l'une l'autre. La subordination d'une large part de nos aptitudes au postulat de l'accaparement indéfini nous expose au risque de notre anéantissement comme conclusion d'une histoire dont l'effervescence créatrice nous a laissé croire à notre invincibilité. Cette illusion non seulement perdure, mais s'amplifie au fur et à mesure que de nouveaux secteurs s'ouvrent dans les vastes champs d'application où de nombreux phénomènes – physiques et biologiques en particulier – sont mis au jour par le cerveau humain. Celui-ci, nourri par une multitude d'informations mises en synergie, dispose d'un panel de plus en plus étendu et complexe pour combiner ces informations et aller encore plus avant dans ses inventions « miraculeuses ».

Pour autant sommes-nous enfin libérés, comme le progrès nous en a fait la promesse ? En observant les faits, il semble que ce soit le contraire. Les outils produits pour nous servir sont en réalité en train de nous asservir. Que deviendraient sans eux les sociétés dites avancées ? La leçon magistrale que l'humanité devra en tirer tient dans cette évidence : seule la nature recèle les moyens d'assurer la continuité de notre existence. Cette affirmation somme toute banale, presque un lieu commun, semble pourtant la moins bien comprise. En témoigne le comportement global du genre humain, attaché de façon quasi obsessionnelle à saper les piliers sur lesquels s'érige le plus beau phénomène que la conscience puisse apprécier. Il faut être singulièrement ignorant pour ne pas mesurer, par-delà les triomphes du cerveau humain, le paradoxe de son manque d'intelligence en termes de lucidité.

La vision fragmentée est à l'origine de ce qui convulse la communauté humaine, handicapant la perception d'une réalité qui repose sur la cohésion et la cohérence du vivant. Il semble que l'espèce humaine masculine soit la plus encline à détruire ces deux principes indissociables. Le féminin lui est resté subordonné, et il est certain que la configuration de l'histoire eût été plus adoucie si celui-ci avait occupé sa juste place dans l'organisation de la société. Tel n'est malheureusement toujours pas le cas.

Notre modèle compétitif est devenu une norme dont on ne perçoit même plus le caractère destructeur. Pis encore, il reste la base de l'apprentissage de la vie, ainsi qu'en témoigne la façon dont les enfants sont éduqués. Ceux-ci sont en réalité préparés à perpétuer un fonctionnement antagonique comme principe du vivre ensemble, selon un canevas dont la perversité n'est même plus perceptible dans les arcanes d'une pensée rendue dualiste à l'échelle universelle. Une monoculture arbitraire a défini les critères de l'excellence, et tous ceux qui restent en dehors font figure d'attardés peuplant en particulier le champ du sous-développement comme concept des plus ambigus. Cette monoculture, produite et propagée par l'Europe dans tous les territoires qu'elle a colonisés, a commencé par l'éradication de sa propre diversité culturelle. Les récits de certains voyageurs des siècles antérieurs à la modernité ont rapporté l'immense variété des cultures vernaculaires dont l'Europe était composée. Des communautés encore caractérisées offraient à l'itinérance des « touristes » de ces temps-là une créativité qui, depuis les origines, s'était exprimée dans la manière de répondre aux nécessités de survie des autochtones. L'ensemble de l'espace habité témoignait de leurs extraordinaires capacités à tirer parti des ressources dont ils disposaient dans leurs divers biotopes. La nécessité, faisant loi, aiguisait leur imagination créatrice jusqu'à des prouesses qui, au lieu de s'exercer dans le champ des technologies dont nous sommes aujourd'hui si grisés, se manifestaient dans un contexte où la matière élémentaire, en grande partie vivante, était seule garante de survie. Certaines communautés humaines, encore liées à ce schéma, bénéficient actuellement d'un précaire sursis. Nous sommes plus nombreux qu'il y paraît à souhaiter leur préservation pour sauvegarder un patrimoine humain en voie de disparition.

Avec l'exhumation massive de la matière souterraine morte s'est produit un retournement de cette logique. Le temps de la combustion énergétique est advenu. La modernité, à laquelle les performances technologiques confèrent une puissance sans précédent dans l'histoire, est en réalité le système le plus vulnérable de tous les temps. Le civilisé dépend désormais de l'énergie combustible, de l'électricité, de l'électronique, de l'informatique, etc. Si ces moyens venaient à lui manquer, il aurait beaucoup de difficulté à répondre à ses nécessités vitales, tandis que le village africain le plus reculé ne serait en rien affecté par de telles défaillances. Entre pays riches, « avancés » à l'évidence vers le précipice, et pays dits « attardés », s'instaurerait un principe de vérité.

Toutes ces considérations ne sont pas pour inciter à « revenir à la bougie », comme le disent ironiquement les « évolués », mais pour attirer l'attention sur le caractère contingent d'un système devenu référence mondiale et auquel aspire l'ensemble des êtres humains. Il est considéré comme l'ordre qu'il conviendrait de généraliser et comme un progrès s'inscrivant dans une finalité de plus en plus imprévisible. Tout cela ne fait que consolider le paradigme du profit comme principe absolu sous l'égide de la sacro-sainte croissance, invoquée par les politiques comme une divinité tutélaire et salvatrice. Cette croissance, censée être le remède à tous les maux, est la fille aînée d'un modèle hautement pernicieux. La liste des cruautés, des iniquités, des meurtres physiques, culturels et économiques produits par la cupidité mondialisée est infinie. Elle souligne et dénonce le cynisme et l'inintelligence de l'humanité qui persiste à admettre comme fondement du vivre-ensemble une anthropophagie structurelle légalisée telle que la mondialisation de la pseudo-économie. Notre créativité technologique nous incite à faire montre d'une certaine dévotion au principe de mort pour organiser, au gré des événements, de petits meurtres en tous genres, voire des meurtres de masse. L'instinct d'agression, fondé sur la crainte de l'agresseur, détermine une hiérarchie des comportements, assortie d'une règle définissant arbitrairement une approche prétendument déontologique. Quelles nations peuvent posséder la bombe thermonucléaire, et à quelles nations doit-elle être rigoureusement interdite au motif que les unes sont dans la sage dissuasion, et les autres, de par leur immaturité, risquent, dans leur suprême inconscience, de déclencher l'apocalypse terminale ? Ainsi s'est instaurée la lâche domination des détenteurs de la foudre vis-à-vis de ceux qui en sont démunis. Ainsi tous les arbitraires des « puissants » sont-ils normalisés. Cette lâcheté, sous couvert d'une morale de circonstance, contribue à jeter un voile sur les turpitudes souterraines qui engendrent massivement indigence, détresse et pillage légalisé des ressources nécessaires à la vie de tous.

Dans le contexte de l'organisation – ou plutôt de la désorganisation – du vivre-ensemble planétaire, le principe de coopération est totalement remis en question par l'espèce humaine. Sur cette planète polluable à merci, champ de bataille, casino, pénitencier, hypermarché, gisement de ressources à consommer et consumer sans modération, le divertissement de masse, souvent infantilisant, est devenu une sorte de stratagème soporifique au sein d'un affairisme international admis comme une norme. Il s'agit d'une sorte d'opium universel permettant probablement de fuir une réalité mondiale anxiogène en cultivant l'ignorance des masses.

La question de la suite du programme temporel et terrestre de notre espèce se pose avec une acuité et une gravité exceptionnelles. L'accélération des processus négatifs requiert des résolutions dont l'urgence ne cesse de grandir. Illusionnés par le temps qui passe, nous oublions que c'est nous qui passons ! Notre histoire, depuis notre divorce progressif d'avec la nature, est tout sauf tranquille. Certains préhistoriens prétendent n'avoir trouvé aucune trace de conflits entre humains avant le néolithique. Depuis lors, semé de violences justifiées de mille façons, le fleuve débordant des événements ne cesse d'engloutir les héros avec leurs faits d'armes, vénérés ou haïs par la mémoire collective, que l'on tente en vain d'immortaliser. Voilà qui ne fait que souligner encore le caractère contingent et même dérisoire qu'inspire notre condition. Les héros aussi sont éphémères, et toutes les tentatives pour les conserver dans nos mémoires ne font que donner plus d'épaisseur à l'oubli. Les violations et violences glorifiées et même chantées de l'Antiquité jusqu'à nos jours ne laissent pas de déconcerter. Elles entretiennent au plus profond des cœurs et des âmes un bellicisme tel que la communauté planétaire, avec ses prétentions moralisatrices, en déclarant vouloir la paix ne cesse de l'outrager.

À la question : « Êtes-vous optimiste ou pessimiste ? », je n'ai pas de réponse. Faut-il le répéter inlassablement ? L'avenir sera ce que les humains voudront qu'il soit. Le meilleur et le pire se côtoient. Notre futur est suspendu à ce qui recueillera nos faveurs : l'obscurité sourdant de la peur et de l'ignorance, ou la lumière de l'intelligence suprême et intemporelle à laquelle nous devons notre avènement sur terre et sans laquelle, à l'évidence, nous ne serions pas. En essayant de nous les rendre intelligibles, les phénomènes dont la coopération a généré la vie révèlent cette intelligence et invitent au respect et à la préservation.

L'écologie ne se réduit pas à la seule compréhension des phénomènes de ce grand œuvre. Il faut bien reconnaître, hélas, que cette problématique majeure entre toutes n'occupe pas la place prépondérante qu'elle mérite. L'éveil à cette évidence est le premier pas vers la lumière, donc la connaissance primordiale. La preuve, s'il en fallait une, réside dans le fait qu'il ne peut y avoir d'êtres humains sans la nature. À l'inverse, la nature s'est longtemps passée de l'être humain et peut encore le faire. Le processus d'extinction du genre humain par lui-même est un fait incontestable. La Terre est depuis longtemps le théâtre d'extinctions, de naissances et de renaissances au sein d'un univers silencieux, apparemment indifférent à ce qui se joue sur cette scène. Tel est l'enseignement que l'on peut tirer d'une réalité implacable. Celle-ci n'a cure de nos doctes péroraisons, thèses et antithèses, et des vaines agitations d'une espèce prise en otage par sa propre déraison, non par le supposé cynisme d'une cruelle Gaïa.

La sévérité de mon propos est dictée par une sorte de douleur indignée face à l'immense gâchis que nous faisons subir à la vie à laquelle nous devons la vie. Peut-on faire autrement ? Bien évidemment ! Mais cela, encore une fois, nécessite une intelligence vraie. Seul le silence peut d'abord la révéler, car elle n'est pas fille de l'agitation et des spéculations mentales.

La conception et la vision que nous avons de l'existence a inspiré nos actes, et nous avons personnellement tenté, depuis quatre ou cinq décennies, de doter notre propre existence de la cohérence à laquelle nous aspirons. Le respect de l'humain et le respect de la Terre en sont les fleurons. Les limites de cette tentative se sont vite manifestées, et sauf à se retirer complètement, à l'instar de Diogène dans son tonneau, le compromis s'impose à qui veut rester inclus dans la société. Chaque fois que je fais le plein de carburant pour rouler à bord de ma voiture, j'enrichis les monopoles pétroliers et autres bénéficiaires collatéraux, et contribue à l'altération de la biosphère. Est-il possible de s'affranchir de ce dilemme sans renoncer aux avantages incontestables qu'offre le temps présent ?

La question de l'usage modéré de ce qui nous est offert est redondante et se présente comme la clé de la plupart des problèmes induits par le non-sens. Car, chaque jour, les nuisances hostiles à la vie s'amplifient en se propageant sur la Terre entière. Une planète comparée au *Titanic* est de moins en moins une métaphore, à cette particularité près : le naufrage des humains n'entraînera pas le coulage du navire. La planète Terre, certes périssable, est pour longtemps encore insubmersible.

L'un des phénomènes les plus préjudiciables à la clairvoyance est probablement dû à une urbanisation outrancière. Celle-ci produit une pensée conditionnée par un confinement factice, en rupture avec la réalité vivante. Ainsi cette pseudo-intelligence n'a de référence qu'elle-même et entretient une perception chimérique de la réalité. La promiscuité massive, dans des structures artificielles de nature minérale, a induit une séparation profonde entre les individus et la réalité vivante. Une pénurie alimentaire permettrait de sortir de cette étrange illusion. Durant les guerres, bien des urbains se sont souvenus, pour être secourus, du vague cousin paysan, « esclave » de sa glèbe, qui n'a pas réussi dans la vie, mais détenteur des biens les plus essentiels. Car, en ces circonstances, « le meilleur ouvrage culinaire ne vaut pas le plus mauvais repas », selon la formule d'Aldous Huxley. Et croquer des diamants risque de n'être pas conforme à la diététique nécessaire à la santé !

Il y a danger de croire qu'une pénurie alimentaire généralisée serait totalement improbable et que l'alimentation, facteur primordial de la vie, sera toujours assurée. Faut-il rappeler que ce ne l'est plus ? Aujourd'hui, les indicateurs négatifs déterminants sur cette question se rassemblent en une conjonction d'une extrême gravité. Il s'agit de l'état des sols, de la perte des semences transmissibles, remplacées par les chimériques OGM, des vastes espaces cultivables dédiés à la monoculture chimique avec des effets négatifs induits sur les nappes phréatiques, etc.

S'agissant ici d'un témoignage, je suis bien obligé d'être en phase avec ce qui me préoccupe et m'occupe pour livrer mon modeste point de vue sur la question centrale de l'avenir de l'humanité. Il est bien entendu que je ne suis ni un prophète échevelé à l'index dressé, clamant des sentences sur la place publique, ni un haruspice examinant les viscères des animaux pour prédire l'avenir. Les prospectives invoquées se fondent sur l'observation de faits parmi les plus objectifs, même si elles ne sont pas exemptes d'intuitions dont j'ai souvent pu vérifier l'exactitude en diverses situations.

La question primordiale de notre indispensable coopération avec la nature, mise en lumière dans la rétrospective de Jean-Marie, peut-elle être réhabilitée ou instaurée comme un principe incontournable inspiré par la lucidité ? Les transgressions vis-à-vis de cette coopération sont si nombreuses que l'on peut se demander, dans la mesure où nous en avons la volonté, par quoi il faudrait commencer. Il ne sert à rien de ne s'acharner que sur les symptômes, à l'aide d'alternatives de développement durable et d'un vocabulaire désignant des initiatives louables, censées restaurer la bonne logique pour coexister paisiblement sur terre. Malheureusement, on peut manger bio, se chauffer à l'énergie solaire, tout en exploitant son prochain.

Cette simple remarque devrait déjà nous éclairer sur ce qui relève du développement durable : sur quelles bases éthiques et déontologiques ? La racine du problème gît à l'évidence dans l'âme et le cœur humain. On peut avancer quelques considérations susceptibles d'inspirer l'entendement afin d'engager l'avenir sur des voies moins aléatoires et chimériques que celle où il se trouve. Je remplacerais d'abord la fameuse « prise de conscience », qui rappelle le branchement électrique, comme s'il y avait un flux de conscience auquel on puisse se connecter, par « élévation de conscience ». Celle-ci, libérée des oripeaux des conventions dans lesquels elle se trouve emprisonnée, doit prendre de l'altitude et élargir sa vision du paysage, donc l'intelligibilité du réel.

La première évidence à prendre en compte pour coopérer en toute objectivité concerne les limites de la « planète patrie » telle que la nomme mon ami Edgar Morin. Ce paramètre doit désormais être la référence absolue. Ce constat réaliste devrait logiquement nous inciter à renoncer à la sacro-sainte croissance économique indéfinie, et ce d'autant plus que ce qu'il est convenu d'appeler « économie » en est la totale négation. Il s'agit en réalité d'un système où l'avidité humaine peut s'exercer « légalement » au préjudice des « damnés de la terre » qu'elle multiplie par l'accaparement et la concentration des biens vitaux aux mains d'une minorité de plus en plus minoritaire. Celle-ci, par le pouvoir que lui confère la finance, détermine le destin collectif en orientant l'histoire selon sa convenance et ses intérêts, au mépris de la politique démocratique censée être investie de cette fonction par le suffrage des citoyens.

Pis encore, les connivences entre finance et politique sont depuis longtemps dénoncées par des économistes compétents, soucieux des valeurs morales indispensables à l'équité.

Cependant, dans le contexte d'une société où la malhonnêteté est érigée en système, la rectitude, la probité et l'équité y deviennent des tares dangereuses. Elles sont préjudiciables au désordre tenu et vécu comme un ordre. Cible d'un endoctrinement de masse d'une rare efficacité, l'opinion est influencée de manière subliminale afin de considérer comme vrais les pires mensonges qui soient.

Les nouveaux outils à virtualiser le réel, tout en se révélant performants pour « simplifier » la vie par l'accès à toutes sortes d'informations particulièrement pratiques, ne sont-ils pas en train d'inhiber les capacités naturelles avec lesquelles l'humanité a construit toute son histoire ? On peut observer que les performances en matière de communication s'opèrent au détriment de la relation, à savoir de la proximité physique dans un espace sensible et convivial. Ne sommes-nous pas déjà régis par un mode d'existence suractivé, fondé sur une frénésie anormale, qui inspire une créativité technologique destinée à nous la rendre supportable ? Le « toujours plus vite » n'est-il pas en train de modifier la perception du temps et de l'espace sur lesquels est indexée la durée de vie de chacune et chacun de nous ? Si tel est bien le cas, cela veut dire que nous sommes devenus les otages d'un « dieu Chronos » devenu fou, consommant nos existences sans répit ni modération. Dans le champ des activités humaines, l'entretien d'un simple jardin potager – et je peux en témoigner – a le pouvoir de devenir un antidote à cette frénésie, car en dépit des stratagèmes et artifices déployés pour accélérer les processus végétaux et obtenir plus de précocité, les éternelles cadences nécessitant de la patience demeurent, envers et contre tout.

Pour une insurrection des consciences

Une fois admises, toutes ces considérations soulèvent une question : sommes-nous impuissants à changer radicalement le cours de notre histoire, ou bien des solutions existent-elles, qu'il nous appartiendrait d'appliquer ?

On pourrait résumer les choses en disant que la politique mondiale n'est pas en phase avec les réalités du monde contemporain mais qu'elle s'acharne, prisonnière de sa propre logique sans avenir, tandis que la société civile est devenue un vaste laboratoire d'innovations. En observant ce mouvement, destiné par nécessité à s'amplifier, les initiatives ayant des résultats positifs vérifiables, dont le nombre croît, comptent désormais comme un paramètre de poids dans l'orientation de notre destinée. Nous sommes de plus en plus nombreux à comprendre que le temps de nous réapproprier notre existence est venu. À cette fin, il est indispensable, sans endoctrinement, de constater par soi-même le fait que nos vies sont aujourd'hui soumises à l'idéologie du temps-argent et des pouvoirs arbitraires qu'elle génère.

À l'occasion de l'élection présidentielle française de 2002, nous avions voulu mettre à profit une échéance politique nationale de première importance pour tester l'adhésion, l'indifférence ou la réprobation du public à l'égard des valeurs qui nous tenaient à cœur et au cœur. Pour ce faire, après maintes hésitations, j'ai alors décidé de répondre à la demande insistante d'amis en me portant candidat. L'idée avait quelque chose de surréaliste ! La campagne engagée, nous avons pourtant été les premiers surpris par l'intérêt d'un nombre non négligeable de citoyens pour notre initiative. Un manifeste de quatre pages clarifiait brièvement nos intentions. Celles-ci transcendaient tous les clivages politiques dualistes, antagoniques, avec leurs effets pernicieux, et prenaient en compte exclusivement les problématiques de la société globale. Les paramètres transversaux, favorables au lien solidaire, et donc à la coopération, étaient mis en exergue.

Il semble difficile de passer sur le versant positif de notre histoire sans renoncer à des idées reçues devenues préceptes, credo et dogmes absolus, quasi religieux, de la gouvernance du monde. Le plus redoutable est sans conteste le principe de croissance économique indéfinie sur une planète finie. Il est la manifestation d'une profonde indigence de l'esprit, l'un des principaux facteurs de la fragmentation du système humain, générant des disparités abyssales dans la répartition des ressources vitales. Ce principe exacerbe la tendance à l'accaparement. Cet instinct est habilement entretenu par la peur du manque au sein même de la surabondance. Il y a une sorte d'infinie laideur dans cette insatiabilité banalisée, voire esthétisée par l'idéologie du *toujours plus*, ajournant en permanence la satisfaction qu'elle est censée instaurer au sein de la communauté planétaire.

Notre test politique de 2002 sur les critères jamais invoqués par la politique conventionnelle a éveillé un intérêt dont il est difficile à un esprit de bonne foi de ne pas reconnaître la validité. Notre programme atypique a dispensé à ceux qui l'ont accueilli une sorte de « bol d'air », selon leur expression, une réelle libération de la sacro-sainte politique partisane, de plus en plus dérisoire face aux grands enjeux auxquels le devenir de l'espèce humaine, dans sa spécificité et sa totalité, se trouve confronté.

En sus du grand blasphème concernant la décroissance, que j'ai essayé de traduire par la « sobriété heureuse » (la puissance libératrice de la modération), figurait dans notre programme « le féminin au cœur du changement ». Ce point évoquait la subordination universelle des femmes à un masculin outrancier et violent. Une éducation fondée sur l'apprentissage de la coopération ferait antidote à cette compétitivité absurde qui prépare un futur citoyen dualiste. Incarner l'utopie comme posture nous libère d'une rationalité et d'un conformisme pétrifiants.

Nous avions mis notre rapport à la terre comme fondement, notamment au travers du problème crucial de l'alimentation, altérée par les pratiques conventionnelles. En produisant une nourriture pernicieuse avec la chimie de synthèse, nous détruisons la vitalité des sols et infligeons aux animaux dits d'élevage des conditions de vie inacceptables. Produire et consommer localement permet d'éviter la dépendance aux transports polluants incessants. Voilà, entre bien d'autres, des critères inspirés par le principe de la coopération comme fondement d'un paradigme unificateur préparant l'avènement de la plus formidable évolution à laquelle nous aspirons : celle de l'insurrection des consciences.

Coopérer avec la vie n'est pas une ultime proclamation inscrite au panthéon des belles intentions, mais bien une nécessité vitale reconnue et souhaitée par un nombre grandissant de citoyens. Nous avons, pour témoigner de notre fervent engagement, créé plusieurs structures dédiées au changement de paradigme[1].

Coopérer au service de la vie

L'examen objectif de l'organisation établie par les humains dans le cadre du vivre ensemble planétaire révèle de façon incontestable la prédominance de la dualité. On peut avancer, comme j'en ai eu la tentation, que la dualité, chez l'être humain, est fille de la peur. Il ne s'agirait pas là de la peur animale entretenue par la seule nécessité et par l'instinct de survie. Combien de femelles animales protègent leur progéniture sous l'injonction mystérieuse et impérieuse de la vie qui doit vivre à tout prix ! Nous avons pu observer le comporte-

1. Voir www.colibris-lemouvement.org

ment des animaux de notre propre ferme. Une humble poule veille sans relâche sur ses poussins comme pour accomplir une mission de première importance. Et puis vient le sevrage, implacable : « À présent, vis ta vie », semble dire la mère poule ; la relève est ainsi assurée.

Ces petites choses anodines sont cependant riches d'enseignement. La mère humaine accomplit cette mission, mais avec un attachement à vie à l'égard de sa propre progéniture. Ce qui est source de joie, mais aussi de tourments. La notion de sécurité chez l'être humain ne se borne pas à la seule réalité matérielle. Il faut y ajouter l'insécurité psychologique produite par la pensée. Celle-ci englobe le passé, le présent et le futur, et la conscience d'une mort que rien ne peut abolir, à laquelle nul ne peut échapper, serait perçue, selon les diverses croyances et postures psychologiques, soit comme point final à la vie, soit comme ouverture à d'autres plans de réalité.

Il n'y a rien de plus générateur de fantasmes que l'inconnu. L'aménagement de la planète, avec ses frontières et ses barricades de protection, révèle une quête de sécurité déjà à l'œuvre dans le tribalisme initial, mais exhaussée à une échelle territoriale nationale à superficie variable. Ce qui est source de paradoxe :

les territoires censés être sécurisés produisent de l'insécurité par la nécessité de les défendre. Cet alibi est l'une des plus grandes justifications des équipements militaires dédiés à la destruction et au meurtre de masse. Avec ses guerres apocalyptiques – en particulier les deux dernières –, l'Europe a montré de façon « magistrale » à quoi peut conduire le principe de fragmentation. Une main tendue aux vaincus de la première déflagration aurait probablement évité la deuxième. On ne mesure pas assez la puissance extraordinaire de la bienveillance. Au lieu de cela, il a fallu prolonger pour les uns la délectation de la victoire, pour les autres les affres de l'humiliation. Ce qui a préparé le terreau de la revanche, avec les horreurs que l'on sait. La coopération, en l'occurrence, aurait démontré l'existence d'une intelligence unificatrice dont la communauté humaine est peu pourvue, qualité de plus en plus indispensable à l'évolution positive du genre humain.

On sait ce que le principe de dualité a produit et continue de secréter. Les trois religions du Livre elles-mêmes, sous l'égide du monothéisme, restent cloisonnées, avec des interprétations divergentes de textes sacrés et des théologies différentes, sources de terribles conflits à l'intérieur même de chacune. L'histoire est malheureusement jalonnée de ces croyances qui engendrent des nuits de la Saint-Barthélemy permanentes.

La liste des exactions de l'homme contre l'humain est illimitée. Au sein des divers microcosmes où s'écoulent nos existences individuelles, la dualité revêt des formes particulières : voisinage difficile, couples humains initialement unis par l'amour puis qui se déchirent devant les juges, etc. Je serais sincèrement ulcéré si ces propos étaient interprétés comme émanant d'un « sage » ou d'un moraliste, je m'inclus totalement dans cette problématique qu'il est difficile d'occulter, car elle résume la question la plus cruciale qu'adresse la vie à notre conscience collective : pourquoi sommes-nous les auteurs des malheurs que nous nous infligeons tout en les déplorant ?

Le cercle se resserre inexorablement : les causes de ces tragédies sont en chacun de nous. Cette assertion, si elle est rejetée, nous donne le sentiment d'être victime des agissements d'autrui, ou celui d'une fatalité contre laquelle nous serions impuissants : c'était *écrit* ! Par contre, l'acceptation de cette réalité enclenche un examen, une introspection destinés à nous révéler à nous-mêmes, nécessité impérieuse de la connaissance de soi. C'est alors qu'il devient évident que le changement de soi préexiste au changement de la société.

Ces considérations, encore une fois, visent à traiter rationnellement la subjectivité comme un paramètre objectif et confèrent toute sa pertinence au fameux « Connais toi toi-même » comme facteur essentiel pour que l'évolution positive du genre humain puisse avoir lieu.

Quel avenir pour l'humanité ? Coopérer avec la vie

L'être humain ne peut se passer de la nature. La nature peut se passer de l'être humain. Cette évidence devrait éclairer l'espèce humaine et inspirer sa posture majeure.

Après le constat d'une humanité divisée contre elle-même, victime de pulsions irrationnelles fatales à toute coopération, peut-on imaginer l'instauration d'une solidarité universelle ? Il est vain de croire que cette belle disposition, inspirée par la lucidité, puisse être compatible avec la tyrannie de la finance produisant de la finance et permettant des exactions majeures en toute légalité contre l'humain et contre la nature.

L'une des grandes causes de la dualité contemporaine a pour objet les ressources minérales, en particulier combustibles. Elle évolue sournoisement vers la confiscation graduelle des ressources vitales indispensables que sont la terre, l'eau, les végétaux, les animaux, etc. Les nations riches, toutes griffes et mandibules en avant, se disputent ces ressources en produisant artificiellement famines et pénuries. En dehors de ses graves conséquences naturelles, ce comportement outrage la beauté et la dignité du principe mystérieux qui est à l'origine de tout.

La fonte des glaciers, phénomène on ne peut plus préoccupant par ses conséquences prévisibles et imprévisibles, suscite la jubilation des attardés de l'esprit qui pensent toujours dans le même sens au sujet de la planète : « Chouette, on va pouvoir accéder à de nouvelles ressources ! », ce qui revient à poursuivre et élargir leur programme de destruction généralisée. Cette posture est un indicateur du niveau de conscience de la confrérie des grands affairistes. Dans la logique de l'accaparement sans limites, ceux-ci n'ont cure du danger qu'ils représentent pour une humanité elle-même conditionnée à considérer comme normales les pires exactions.

Dans le contexte de la société dite « avancée », c'est-à-dire celle des repus, la production massive de concepts de toutes natures constitue une nébuleuse comparable à un brouillard intellectuel, ou plus justement mental. On se délecte de formules censées être au service de la vie, avec l'informatique comme outil magistral à virtualiser, par un usage irrationnel, la prolifération des chimères, dès le plus jeune âge des enfants, dans le labyrinthe de l'intangible. Le transfert des fonctions cérébrales vers les ordinateurs ne sera pas sans conséquences graves. Avec ces « outils magiques », nous arrivons au niveau le plus élevé de la domination des outils dans la gouvernance et l'orientation de notre conscience. N'allons-nous pas vers des super-outils produisant des sous-hommes ? Il semble que l'hyperdépendance où se trouvent déjà les humains ne soit pas de bon augure. On n'arrête pas le progrès, mais encore faut-il le maîtriser à des fins vraiment positives.

Dévoué à la Terre mère depuis des décennies, je n'ai fait qu'en mesurer la valeur suprême : sans elle, rien d'autre n'est possible. Or, elle est la plus ignorée du bon peuple, y compris même de ceux auxquels l'idéologie en vigueur attribue les meilleurs prix d'excellence. S'agissant du facteur primordial de la survie, ce paradoxe est révélateur d'une ignorance on ne peut plus préjudiciable à la gouvernance de toute société humaine. Une brève pénurie de nourriture aurait, en l'occurrence, un effet pédagogique des plus efficaces !

Pour être concret, il est de notoriété publique que je prône, enseigne et pratique l'agroécologie. Celle-ci est justement fondée sur la coopération avec les forces de la vie. Elle est l'antidote d'une agronomie dont les principes, les mécanismes et la pratique sont incapables de produire sans détruire. L'on retrouve ici, par les multiples nuisances qu'il génère, le principe de dualité – homme contre nature – à la base même de l'activité la plus essentielle à la survie. S'inspirant de la coopération établie, avec pour devise la fameuse formule de Lavoisier : « Rien ne se crée, rien ne se perd, tout se transforme », l'agroécologie est, au-delà même d'une méthode, une alliance avec les forces de vie. Appliquée concrètement dans les régions de la planète les plus affectées de désertification et autres calamités, elle a démontré sa capacité à régénérer les sols et à restaurer les processus d'une coopération garante de la survie de populations faméliques laissées en déshérence par la sécheresse, sur des espaces stérilisés par une chaleur intense, l'érosion hydrique et éolienne, les pratiques humaines inconsidérées, parmi lesquelles le déboisement excessif, les animaux domestiques en surnombre, le feu de brousse, etc.

On n'a aucune peine à comprendre qu'avec l'approche coopérative que préconise l'agroécologie, nous soyons, loin des contingences ordinaires, au cœur d'une véritable alliance de l'être humain avec les principes dont il est lui-même une des manifestations. C'est pour servir le principe de coopération et contribuer à l'avènement d'un paradigme où l'associativité humaine puisse également s'exercer que nous avons créé un certain nombre de structures et de mouvements voués à servir ces valeurs.

L'agroécologie représente l'un des meilleurs témoignages vécus que je puisse donner sur les potentialités de la coopération homme-nature. Dans cette pratique, même les plus infimes bactéries, ainsi que les insectes, les vers de terre, etc., sont inclus dans des processus où les divers facteurs qui ont contribué à l'avènement de la vie sont de nouveau réunis pour coopérer. Dans cette coopération sont également présents la chaleur et le rayonnement solaires, l'eau, l'air, les énergies cosmiques et terrestres.

C'est grâce à cette coopération majeure que je suis en mesure de rédiger ces lignes et que vous êtes occupés à les lire, tandis que les principes de vie interagissent dans une absolue solidarité pour nous permettre d'exister ici et maintenant. Nous n'avons qu'une seule Terre, n'en déplaise aux insensés qui imaginent une colonisation de la Lune ou de Mars. La Terre constitue le patrimoine commun à toute l'humanité et exigera l'alliance de nos volontés et compétences pour permettre notre continuité. Cette réalité objective devrait mettre fin à tous les débats contradictoires pour nous unir toutes et tous, quelles que soient notre identité et notre condition, dans un seul et même but : coopérer pour servir la vie.

Ce ne sont ni les moyens matériels ni les aptitudes techniques qui font défaut pour atteindre cet objectif, mais bien notre capacité à incarner la bienveillance, le partage et la solidarité dans des relations libérées de la peur. Il est de la responsabilité de chacun d'affronter sans attendre ce vaste et profond chantier intérieur. Nous n'avons rien de nouveau à inventer, comme le montre Jean-Marie dans ce livre à travers les nombreux exemples offerts par une nature dont la coopération – ce qu'il appelle l'associativité – est l'un des principes fondateurs. Nous avons à sortir de notre prétention, à cesser de lutter contre les évidences, pour nous relier avec humilité à l'intelligence qui s'exprime à travers la vie sous toutes ses formes depuis les origines.

Prétendre que nous allons à nous seuls changer le monde serait bien sûr irréaliste et vaniteux. Prétendre que le monde peut changer avec le concours d'une volonté humaine, sous l'éclairage de l'intelligence de la vie, oui ! Le temps de la puissance de la modération, constitutive de l'essor d'un vivre-ensemble généreux et solidaire, est aujourd'hui la seule évidence.

Table

Deuxième partie

Le monde vivant

Troisième partie

L'humanité

OUVRAGES DE JEAN-MARIE PELT

Les Médicaments, Le Seuil, collection « Microcosme », 1969.

Évolution et sexualité des plantes, Horizons de France, 2e édition, 1975 (épuisé).

L'Homme renaturé, Le Seuil, 1977 (Grand Prix des lectrices de Elle. Prix européen d'Écologie. Prix de l'académie de Grammont), réédition 1991.

Les Plantes : amours et civilisations végétales, Fayard, 1980 (nouvelle édition revue et remise à jour, 1986).

La Médecine par les plantes, Fayard, 1981 (nouvelle édition revue et augmentée 1986).

La Prodigieuse Aventure des plantes (avec J.-P. Cuny), Fayard, 1981.

Drogues et plantes magiques, Fayard, 1983.

La Vie sociale des plantes, Fayard, 1984 (réédition 1985).

Mes plus belles histoires de plantes, Fayard, 1986.

Le Piéton de Metz (avec Christian Legay), éd. Serpenoise, Presses universitaires de Nancy, Dominique Balland, 1988.

Fleurs, Fêtes et Saisons, Fayard, 1988.

Le Tour du monde d'un écologiste, Fayard, 1990.

Au fond de mon jardin (la Bible et l'écologie), Fayard, 1992.

Le Monde des plantes, Le Seuil, collection « Petit Point », 1993.

Une leçon de nature, L'Esprit du temps, diffusion PUF, 1993.

Des légumes, Fayard, 1993.

Des fruits, Fayard, 1994.

Paroles de nature, Albin Michel, 1995.

Dieu de l'Univers, science et foi, Fayard, 1995.

Les Langages secrets de la nature (en collaboration avec Franck Steffan), Fayard, 1996.

De l'univers à l'être, réflexions sur l'évolution, Fayard, 1996.

Plantes en péril, Fayard, 1997.

Le Jardin de l'âme, Fayard, 1998.

Plantes et aliments transgéniques, Fayard, 1998.

La Plus Belle Histoire des plantes (avec M. Mazoyer, T. Monod et J. Girardon), Le Seuil, 1999.

La Cannelle et le Panda, Fayard, 1999.

La Terre en héritage, Fayard, 2000.

Variations sur les fêtes et les saisons, Le Pommier, 2000.

À l'écoute des arbres, photographies de Bernard Boullet, Albin Michel Jeunesse, 2000.

La vie est mon jardin. L'intégrale des entretiens de Jean-Marie Pelt avec Edmond Blattchen, émission *Noms de Dieux*, RTBF/Liège, Alice Éditions, diffusion DDB, Belgique, 2000.

Robert Schuman, père de l'Europe, éd. Conseil général de la Moselle et Serge Domini, 2001.

Les Nouveaux Remèdes naturels, Fayard, 2001.

Les Épices, Fayard, 2002.

L'Avenir droit dans les yeux, Fayard, 2003.

La Loi de la jungle (en collaboration avec Franck Steffan), Fayard, 2003.

Dieu en son jardin, Desclée de Brouwer, 2004.

La Solidarité chez les plantes, les animaux, les humains (en collaboration avec Franck Steffan), Fayard, 2004.

Les Vertus des plantes, Éditions du Chêne, 2004.

Nouveau Tour du monde d'un écologiste (en collaboration avec Franck Steffan), Fayard, 2005.

Après nous le déluge ? (avec Gilles-Éric Séralini), Flammarion-Fayard, 2006.

Ces plantes que l'on mange, Éditions du Chêne, 2006.

C'est vert et ça marche ! (en collaboration avec Franck Steffan), Fayard, 2007.

La Beauté des fleurs et des plantes décoratives, Éditions du Chêne, 2007.

Nature et spiritualité (en collaboration avec Franck Steffan), Fayard, 2008.

Le monde s'est-il créé tout seul ? (collectif), Albin Michel, 2008.

Herbier de fleurs sauvages, Éditions du Chêne, 2009.

La Raison du plus faible (en collaboration avec Franck Steffan), Fayard, 2009.

Les Dons précieux de la nature (en collaboration avec Denis Cheyssoux et Franck Steffan), Fayard, 2010.

Quelle écologie pour demain ?, L'esprit du temps, 2010.

L'Écologie pour tous. Quelle planète pour demain ?, Éditions du Jubilé, 2010.

Les Voies du bonheur, La Martinière, 2010.

L'Évolution vue par un botaniste, Fayard, 2011.

Apprenez aux jeunes à regarder les étoiles, Les Presses d'Île-de-France, 2011.

Heureux les simples. Ces vies qui m'ont inspiré, Flammarion, 2011.

Cessons de tuer la terre pour nourrir l'homme ! Pour en finir avec les pesticides, Fayard, 2012.

Héros d'humanité, Flammarion, 2013.

Carnets de voyage d'un botaniste, Fayard, 2013.

OUVRAGES DE PIERRE RABHI

Du Sahara aux Cévennes ou la Reconquête du songe, itinéraire d'un homme au service de la Terre-Mère, Candide, Lavilledieu, 1983 ; Albin Michel, 1995 ; édition en format de poche, Albin Michel, 2002.

Parole de terre : une initiation africaine (préface de Yehudi Menuhin), Albin Michel, 1996.

Le Recours à la terre, Terre du ciel, Lyon, 1995, 1999.

L'Offrande au crépuscule (prix des sciences sociales agricoles du ministère de l'Agriculture), Candide, Lavilledieu, 1989 ; L'Harmattan, 2001.

Le Gardien du feu : message de sagesse des peuples traditionnels, Albin Michel, 2003.

Graines de possibles : regards croisés sur l'écologie, Calmann-Lévy, 2005.

Conscience et Environnement : la symphonie de la vie, éditions du Relié, 2006 ; 2008.

La Part du colibri : l'espèce humaine face à son devenir, L'Aube, 2006 ; 2011.

Terre-Mère, homicide volontaire ?, Le Navire en pleine ville, 2007.

Vivre relié à l'essentiel : le XXIe siècle sera spirituel... ou ne sera pas !, Jouvence, 2007.

L'Homme entre terre et ciel : nature, écologie et spiritualité, Jouvence, 2007.

Petits Mondes de la forêt, Les Petites Vagues éditions, 2007.

Manifeste pour la Terre et l'humanisme, Actes Sud, 2008 ; Babel n° 1057.

Vers la sobriété heureuse, Actes Sud, 2010, « Babel », 2013.

Pierre Rabhi, un humaniste au service de la Terre-Mère, Albin Michel, 2010.

Éloge du génie créateur de la société civile, Actes Sud, 2011.

Petit cahier d'exercices de tendresse pour la Terre et l'Humain, Jouvence, 2012.

Avec Olivier Le Naire, *Pierre Rabhi semeur d'espoirs, entretiens*, Actes Sud, 2013.

Composition et mise en pages
Nord Compo à Villeneuve-d'Ascq

Cet ouvrage a été imprimé en France par
CPI Bussière
à Saint-Amand-Montrond (Cher)
en avril 2014

PAPIER À BASE DE FIBRES CERTIFIÉES

Grasset s'engage pour l'environnement en réduisant l'empreinte carbone de ses livres. Celle de cet exemplaire est de :
450 g éq. CO_2
Rendez-vous sur www.grasset-durable.fr

60-57-0000-8/01

Dépôt légal : avril 2014.
N° d'impression : 2009111.